Adam Großmann

50 Jahre

Adam Großmann

50 Jahre

100 Dinge, die MANN
vor der nächsten Null
unbedingt tun oder lassen sollte

humboldt

Bibliografische Information der Deutschen Nationalbibliothek
Die Deutsche Nationalbibliothek verzeichnet diese Publikation in der Deutschen Nationalbibliografie; detaillierte bibliografische Daten sind im Internet über http://dnb.ddb.de abrufbar.

ISBN 978-3-86910-025-8 (Print)
ISBN 978-3-86910-135-4 (PDF)
ISBN 978-3-86910-132-3 (EPUB)

Der Autor: Kaum ein Thema, das Adam Großmann nicht schon als Ratgeberautor behandelt hat: von Partyratgebern über Selbstcoaching bis zum richtigen Verhalten im Trauerfall. Bei so viel Lebenserfahrung war es an der Zeit, dass sich der Autor einmal damit beschäftigt, was alles zu tun oder zu lassen ist, wenn ein gewisses Lebensjahrzehnt erreicht ist.

Originalausgabe

Eine Marke der Schlüterschen Verlagsgesellschaft mbH & Co. KG,
Hans-Böckler-Allee 7, 30173 Hannover
www.schluetersche.de
www.humboldt.de

Lektorat:	Nathalie Röseler, Dateiwerk GmbH, Pliening
Covergestaltung:	DSP Zeitgeist GmbH, Ettlingen
Innengestaltung:	akuSatz Andrea Kunkel, Stuttgart
Coverfoto:	fotolia/fotolia 365
Satz:	PER Medien+Marketing GmbH, Braunschweig
Druck:	Grafisches Centrum Cuno GmbH & Co. KG, Calbe

Hergestellt in Deutschland.

Inhalt

Mein Leben bis heute – eine kleine Zwischenbilanz

Herzlichen Glückwunsch, Sie sind 50! Haben Sie schon den Sektkorken knallen lassen? Oder ist Ihnen gar nicht so sehr nach Feiern zu Mute?

Mit 50 haben Sie in Ihrem Leben schon einiges erreicht. Im Job haben Sie sich etabliert und die Karriereleiter ein Stück weit erklommen. Sie sind vermutlich verheiratet, manche von Ihnen vielleicht auch schon zum zweiten Mal. Und Kinder haben Sie wahrscheinlich auch in die Welt gesetzt. Und schön langsam werden diese Kinder auch schon flügge.

Egal, in welcher persönlichen Lebenssituation Sie stecken: Der 50. Geburtstag ist immer ein Anlass, auf das bisherige Leben zurückzuschauen. Was ist gut gelaufen, was weniger gut? Sind Sie zufrieden mit Ihrem Leben oder würden Sie gerne etwas ändern? Was wünschen Sie sich für die nächsten Jahre?

Für das Leben gibt es kein Patentrezept. Es gibt niemanden, der uns sagt, wie wir unser Leben leben sollen – das müssen wir schon selbst herausfinden. Dieses Buch will Ihnen dabei ein wenig Orientierung geben. Es sagt Ihnen, was Sie mit 50 tun und lassen sollten, und gibt Ihnen wertvolle Tipps, wie Sie auch die kommenden Jahre gut überstehen. Und dabei gilt wie überall im Leben: Es darf gerne gelacht werden!

Zehn Orte, an die Mann sich allein begeben sollte

Mit 50 stehen Sie schon in der zweiten Lebenshälfte. Sind Sie da, wo Sie mit 50 sein wollten? In der Hektik des Alltags haben wir oft keine Zeit, um in Ruhe über uns und unser Leben nachzudenken. Job, Partnerin, Kinder, Kumpels: Sie alle wollen unsere Zeit, doch nachdenken können wir in diesem Trubel nicht. Deshalb haben wir hier für Sie zehn Orte zusammengestellt, an die jeder Mann einmal alleine reisen sollte – um nachzudenken, um Zeit für sich zu haben oder um einfach einmal ein wenig Abstand zum Alltag zu gewinnen.

Ins Kloster auf Zeit

Immer weniger Menschen gehen einigermaßen regelmäßig in die Kirche. Auf dem Papier sind zwar rund 60 Prozent der Deutschen katholisch oder evangelisch, doch nur 13 Prozent der Katholiken und nur 3,6 Prozent der Protestanten besuchen sonntags einen Gottesdienst. Vermutlich gehören also auch Sie zu den Menschen, die nur bei Hochzeiten oder Beerdigungen eine Kirche betreten. Vielleicht noch an Weihnachten, zusammen mit den Kindern. Und jetzt sollen Sie auch noch in ein Kloster gehen?

Bei einem „Kloster auf Zeit“ leben Sie nämlich einige Tage in einem Kloster mit, müssen sich aber natürlich auf keine Weise an das Kloster binden. Stattdessen können Sie dort an den Exerzitien, also den geistlichen Übungen, teilnehmen, Meditationsübungen machen oder einfach nur etwas Abstand zum Alltag gewinnen. Zahlreiche Klöster bieten mittlerweile solche Aufenthalte an. Oft können Sie dabei wählen, ob Sie in der Gemeinschaft mitarbeiten wollen oder eine geistliche Begleitung wünschen. Auch bei der Dauer des Aufenthaltes zeigen sich die Klöster meist flexibel: Von einzelnen Tagen über ein verlängertes Wochenende bis zu einer oder mehreren Wochen ist hier vieles möglich.
Bei so einem Klosteraufenthalt haben Sie viel Zeit, in sich hineinzuhorchen und herauszufinden, ob Sie sich auf dem richtigen Weg befinden. Vermutlich haben Sie sich jenseits des Religionsunterrichts in der Schule nicht mehr viel mit der Bibel beschäftigt. Der Aufenthalt im Kloster ist also auch eine gute Gelegenheit, wieder in Kontakt mit Gottes Wort zu kommen und herauszufinden, wie Sie christliche Werte im Alltag leben können. Und wenn Ihnen das alles zu religiös ist, können Sie einige Tage lang die Ruhe der alten Klostermauern genießen. Informationen über „Kloster auf Zeit“-Aufenthalte finden Sie auf der Website der Ordensgemeinschaften in Deutschland www.orden.de. Dort können Sie auch eine Broschüre namens „Atem holen“ anfordern, die Ihnen verschiedene Angebote näher vorstellt.

Warum mit 50?

Weil Sie mit 50 Ihre rebellische Phase, in der Sie mit Religion und dem Glauben an irgendeine höhere Macht nichts anfangen können, langsam hinter sich lassen. Heute denken Sie: „Wenn Menschen seit 2000 Jahren ein Glaubenssystem gut finden, dann scheint es ihnen auch etwas zu geben." Und so gehen Sie – obwohl Sie sonst höchstens mal an Weihnachten einen Gottesdienst besuchen – freiwillig ins Kloster. Sie begeben sich direkt dorthin. Sie gehen nicht über Los. Und ziehen Sie nicht – ach quatsch, das Leben ist doch kein Monopoly-Spiel!

Auf eine einsame Hallig

Nur Sie und die endlose Weite des Meeres – das erleben Sie auf einer der zehn deutschen Halligen, die vom norddeutschen „Heimatdichter" Theodor Storm nicht umsonst „schwimmende Träume" genannt wurden. Die kleinen Inselchen befinden sich rund um die Insel Pellworm im nordfriesischen Wattenmeer. Sie sind nur wenige Meter hoch und werden bei Sturmfluten oft überspült. Deshalb errichteten die Bewohner der Halligen ihre Häuser auf Warften, künstlich aufgeschütteten Hügeln. Da der Marschboden der Inseln kein Süßwasser speichern kann, waren die Bewohner jahrhundertelang darauf angewiesen, Regenwasser zu sammeln und zu speichern. Erst seit den 1960er-Jahren führen Trinkwasserleitungen zu den meisten Halligen. Da die typische Vegetationsform der Halligen Salzwiesen sind, ist Landwirtschaft nur eingeschränkt möglich. Daher waren die meisten Bewohner ursprünglich Seefahrer oder Walfänger. Heute leben die 230 Bewohner der Halligen vom Tourismus oder arbeiten für den Küstenschutz.

Warum sollten Sie sich nun aber auf so eine Hallig begeben? Ganz einfach: Es ist hier herrlich ruhig. Da es auf den meisten Inseln kaum oder keinen Autoverkehr gibt, bleibt die Lärm-

kulisse des Alltags außen vor. Stattdessen erwarten Sie dort Spaziergänge, Wattwanderungen und viel Natur. Außerdem bekommen Sie auf einer Hallig einen Einblick in ein Leben, dessen Rhythmus von Ebbe und Flut bestimmt wird. Niemanden interessiert, ob Sie einen dringenden Termin auf dem Festland haben: Wenn es der Wasserstand nicht erlaubt, kommen Sie von der Insel nicht weg – oder müssen zu Fuß durch das Wattenmeer wandern. Auf jeden Fall haben Sie hier jede Menge Zeit, um mit sich allein zu sein und nachzudenken – nur das Geschrei der Möwen könnte Sie vielleicht dabei stören.
Nähere Informationen finden Sie auf der Website des Tourismusbüros der Biosphäre Halligen unter www.halligen.de.

Warum mit 50?

Weil schon Hemingway – bekanntlich ein „echter" Mann – ein Buch namens „Der alte Mann und das Meer" geschrieben hat. Natürlich sind Sie mit 50 keineswegs alt, um Gottes willen, ganz und gar nicht. Aber Sie denken mit 50 ab und zu schon einmal daran, dass Sie langsam älter werden. Und dabei kann das Meer unheimlich beruhigend wirken, denn es wogt und brandet seit Jahrmillionen und ist immer noch da.

In die Wüste

Einmal im Leben muss man eine Wüste gesehen haben: ob in der Sahara, in den Vereinigten Arabischen Emiraten oder in Australien. Und wenn Ihnen diese Ziele zu weit (und vor allem zu teuer) sind, dann bleiben Sie einfach in Europa: Die Wüste von Tabernas in Andalusien ist immerhin 280 Quadratkilometer groß. Und als natürliche Wüste überzeugt sie auch optisch so sehr, dass hier unter anderem Filme wie „Lawrence von Arabien", „Für eine Handvoll Dollar" und „Indiana Jones und der letzte Kreuzzug" gedreht wurden.

Eine Wüste macht uns klar, wie feindlich die Natur sein kann und wie sehr wir Menschen auf die Annehmlichkeiten unserer Zivilisation angewiesen sind, vor allem natürlich auf Wasser. Eines meiner beeindruckendsten Reiseerlebnisse überhaupt war ein Helikopterrundflug über das australische Outback. So weit das Auge reichte nur rote Erde. Dazwischen ein paar Büschel Spinifexgras und ab und zu einmal ein karger Eukalyptusbaum. Und das bis zum Horizont und noch Hunderte, wenn nicht gar Tausende Kilometer weiter. Am Boden herrschte eine Temperatur von 45 Grad im Schatten, und als ich meinen Blick aus dem Helikopter schweifen ließ, wurde mir klar, dass ich da unten wahrscheinlich keine drei Stunden überleben würde: ohne Wasser, ohne Schatten, bei dieser Hitze. Und ich fühlte mich auf einmal sehr, sehr klein und hoffte, dass der Heli mich auch wirklich sicher wieder zurück zum Flugplatz bringen würde.

Sie müssen sich nicht gleich im australischen Outback aussetzen lassen, um die Wüste zu erfahren – wie gesagt, können Sie das auch in Südspanien erleben. Und dabei in sehr berühmte Fußstapfen treten: Denn auch Jesus wurde nach seiner Taufe vom Heiligen Geist in die Wüste geführt, wo ihn der Teufel in Versuchung führen sollte. Nachdem Jesus 40 Tage und 40 Nächte gefastet hatte, bekam er Hunger (was bei mir schon nach 40 Minuten der Fall gewesen wäre, aber ich bin ja nicht Jesus). Da erschien ihm der Teufel und forderte ihn mit den Worten heraus: „Wenn du Gottes Sohn bist, so befiehl, dass aus diesen Steinen Brot wird." Doch Jesus widerstand dieser Versuchung wie auch zwei weiteren Versuchungen und der Teufel ließ von ihm ab (nachzulesen unter Matthäus 4, 1–11). Jesus ging also in die Wüste, um seinen Glauben zu festigen, und Sie können in die Wüste gehen, um nachzudenken. Ablenkungen haben Sie dort garantiert keine.

Warum mit 50?

Weil Sie mit 50 sonst nicht mehr allzu wüst leben. Ja, ich gebe zu: Das war ein ganz blöder Witz. Tatsächlich ist ein Aufenthalt in der Wüste in jedem Alter ein Gewinn. Allerdings können Sie mit 50 die karge Schönheit einer Wüstenlandschaft auch schätzen. Als junger Mensch denken Sie ja doch nur daran, dass man dort herrlich sandboarden oder mit einem Quad die Dünen herunterbrettern kann.

Ans Wasser: am Fluss, See oder Meer

Ich weiß nicht, wie es Ihnen geht, aber ich könnte stundenlang auf das Wasser blicken. Ganz egal, ob es sich um die Wogen des Atlantiks, die sanfte Dünung der Ostsee an einem Sommertag oder die Strömung des Flusses in meiner Heimatstadt handelt. Ja, selbst an unserem Baggersee genieße ich es, meinen Blick einfach nur über die Wasseroberfläche schweifen zu lassen. Wasser übt eine besondere Faszination auf uns Menschen aus. Mal glasklar von Sonnenlicht durchflutet, mal undurchdringlich dunkel und gefährlich. Mal ruhig dahinplätschernd, mal ein reißender Strom. Mal sanfte Wogen, mal haushohe Wellen, die selbst großen Schiffen gefährlich werden können.

Wasser zeigt uns, dass alles in Fluss ist, dass das Leben immer weiterfließt wie ein Fluss, der manchmal eben ruhig in seinem Bett bleibt, manchmal aber auch alles mit sich reißt.

Gerade am Meer wird es mir nie langweilig, die Wellen zu beobachten, immer auf der Suche nach der „perfekten Welle", die für jeden anders aussieht. Eine Welle, die einen Tunnel bildet, wenn sie sich bricht – der Traum aller Wellenreiter von Hawaii bis Australien. Oder eine Welle, die sich schon weit draußen an einer Sandbank gebrochen hat und dann noch einmal kräftig anschwillt. Und mir kommen Gedanken wie: Ist das vielleicht auch mit meinem Leben so? Hat sich mir einmal eine Sandbank in den Weg gestellt und mich ausgebremst? Und kann mein Leben danach noch einmal neuen Schwung gewinnen? Es gab einmal einen französischen Film namens „Das Leben ist ein langer, ruhiger Fluss" (1988). Ist Ihr Leben auch ein langer, ruhiger Fluss? Oder fließt es mal langsam vor sich hin, mal über reißende Stromschnellen? Wird Ihr Lebensfluss mal kanalisiert und (oftmals auch von anderen) begradigt oder bricht er aus seiner vorgezeichneten Bahn aus? Fließt er in Biegungen und Kurven vor sich hin? Geht es mal vor, mal wieder zurück, bis Ihr Fluss seine Richtung wiederfindet?

Ach, ich könnte stundenlang so weiter schreiben, genauso wie ich stundenlang das Wasser beobachten könnte. Und mich vom Tosen der Brandung, dem Plätschern des kleinen Bachs, dem Rauschen des Wasserfalls beim Nachdenken begleiten lassen. Denn das Wasser ist ein herrlicher Ort, um mit sich alleine zu sein. Am örtlichen Baggersee müssen Sie dann eben ganz früh unterwegs sein, sodass Enten und Schwäne Ihre einzige Gesellschaft sind. Dafür können Sie dann die Ruhe umso besser genießen.

Warum mit 50?

Mit 50 haben Sie schon viel Wasser die Donau/den Rhein/die Elbe/den kleinen Bach in der Nähe Ihres Hauses hinunterfließen sehen. Sie haben schon einige Stromschnellen gemeistert, sind aber auch oft in ruhigen Gewässern gepaddelt. Sie verstehen, wie sehr der Fluss des Wassers für das Leben an sich steht. Und außerdem wirkt Wasser immer ungemein beruhigend.

In den Wald

Manchmal sehen wir den Wald vor lauter Bäumen nicht. Das heißt: Wir sehen das Offensichtliche nicht, das direkt vor uns liegt. Oder wir sehen nur die Details, aber nicht das Ganze – uns fehlt der Überblick. Dann brauchen wir Zeit, um in Ruhe nachzudenken, und das können wir ganz hervorragend im Wald.
Ich weiß nicht, ob Sie in einer Großstadt oder in einer eher ländlichen Gegend wohnen. Ganz sicher haben Sie jedoch einen Wald ganz in der Nähe. Setzen Sie sich also aufs Fahrrad, in den Zug oder ins Auto, fahren Sie hinaus in die Natur und gehen Sie im Wald spazieren. Eine Stunde oder auch zwei oder drei. Genießen Sie die frische Luft, lauschen Sie den Stimmen der Vögel – wer weiß, vielleicht sehen Sie ja auch ein Reh oder einen Hasen? In der Natur sind Sie allein mit sich und können wunderbar über Ihr Leben nachdenken.
Schalten Sie Ihr Handy aus, damit Sie niemand stört, und genießen Sie einfach die Stille des Waldes. Hören Sie auf Ihre Schritte auf dem Waldboden, beobachten Sie die Umgebung. Welche Pflanzen kennen Sie, welche Tierspuren sehen Sie? Oder setzen Sie sich einfach auf eine Bank am Waldrand und denken Sie nach: darüber, was in den letzten 50 Jahren gut

gelaufen ist, und darüber, was Sie noch in Angriff nehmen möchten. Der Wald hilft Ihnen beim Nachdenken. Außerdem wirkt die Farbe Grün beruhigend und entspannend, und Grün gibt es im Wald nun einmal mehr als genug. Gerade wenn Sie gestresst sind, kann Ihnen ein Waldspaziergang also sehr gut zu mehr Ruhe verhelfen. Und nun sehen Sie auch endlich wieder den Wald vor lauter Bäumen!

Warum mit 50?

Dass man den Wald vor lauter Bäumen nicht sieht, kann einem in jedem Alter passieren. Allerdings gehen wir in jungen Jahren nicht gerne im Wald spazieren, denn da ist ja nichts los. Und wenn wir Pech haben, landen wir auch noch in einem Funkloch und unser Handy funktioniert nicht. Mit 50 wissen Sie die Ruhe und Erholung eines Waldspaziergangs zu schätzen – und genießen dann beim Abendessen die Pilze, die Sie dabei gesammelt haben.

Zu einem Gipfelkreuz – auf einem Berg

Wenn Sie auf einem Berggipfel stehen, liegt Ihnen die ganze Welt zu Füßen. Die Autos im Tal sehen aus wie Spielzeug, die Kühe wie kleine braune Flecken im grünen Gras und die Häuser wirken wie das frühere Puppenhaus Ihrer Tochter. Und Sie sind stolz auf sich, denn Sie haben es geschafft: Sie sind in aller Frühe aufgestanden und haben einen Berggipfel erklommen.

Eigentlich sollte man nicht allein in die Berge gehen, aber wenn Sie sich an einem sonnigen Samstag oder Sonntag im September oder Oktober auf den Weg in die bayerischen Alpen oder den Hausberg Ihrer Region machen, ist die Gefahr, dass Sie sich wirklich allein auf den Weg zum Gipfel machen, ohnehin sehr gering. Trotzdem können Sie die Ruhe der Berge genießen. Den Verkehrslärm lassen Sie bald ganz weit hinter sich im Tal und hören nur noch das Klingeln zahlreicher Kuhglocken, die vielfältigen Stimmen der Vögel oder das Pfeifen der Murmeltiere. Schritt für Schritt arbeiten Sie sich nach oben vor, mal über sanfte Gebirgswiesen, mal über felsiges Terrain. Und irgendwann sind Sie dann oben angekommen und können den Blick über das Tal genießen.

Vor allem in den Alpen markiert dann oft ein Gipfelkreuz den höchsten Punkt eines Berges. Ursprünglich kennzeichneten Gipfelkreuze Alm- und Gemeindegrenzen, hatten aber auch eine religiöse Bedeutung – vom höchsten Punkt aus sollte Gott über die Gemeinde wachen. Heute werden sie von Sportvereinen, Tourismusbehörden oder der Bergrettung aufgestellt, oft auch nur aus ästhetischen Gründen, denn ein Berg mit einem Gipfelkreuz sieht einfach gut aus. Und auch auf dem Foto macht sich das Kreuz gut, denn wenn Sie neben dem Gipfelkreuz stehen, beweisen Sie allen Daheimgebliebenen: Ich war wirklich auf dem Großglockner!

Auf jeden Fall zeigt Ihnen die Aussicht von einem Berggipfel sehr schön, wie klein doch unsere Welt ist. Und wie klein auch manchmal unsere Probleme sind. Im Vergleich zur mächtigen Erhabenheit der Berge, die seit Jahrmillionen dort stehen und schon viele Menschen im Tal kommen und gehen gesehen haben.

Warum mit 50?

In die Berge können Sie in jedem Alter gehen. Und mit 50 sind Sie immer noch fit genug, dass Sie auch schwierigere Touren ohne Probleme bewältigen können. Ein Blick auf die Erde von oben lohnt sich immer – also packen Sie es an!

Auf eine Pilgerreise

Der Komiker Hape Kerkeling hat es uns vorgemacht: Er pilgerte auf dem Jakobsweg nach Santiago de Compostela und erzählte davon in seinem Bestseller „Ich bin dann mal weg". Vier Millionen Mal verkaufte sich sein Reisebericht, der noch eine andere „Nebenwirkung" hatte: 2007, im Jahr nach der Veröffentlichung von Kerkelings Buch, stieg die Zahl der deutschen Pilger auf dem Jakobsweg um 71 Prozent an.

Wer sich auf eine Pilgerreise begibt, tut dies in der Regel aus religiösen Gründen, zum Beispiel um Buße zu tun, um ein Gelübde zu erfüllen oder in der Hoffnung auf die Erhörung eines Gebetes. Nicht nur im Christentum gibt es diese Pilgerreisen, die bekannteste islamische Variante ist der Hadsch nach Mekka, den jeder Muslim mindestens einmal in seinem Leben antreten sollte. Viele Menschen begeben sich aber auch auf den Jakobsweg oder andere Pilgerwege, weil sie sich eine Zeit lang aus dem Alltag ausklinken wollen. Je nachdem, wie lang die gewählte Etappe ist, müssen sie einige Tage oder Wochen nichts tun außer gehen. Und haben dabei sehr viel Zeit, um über ihr Leben nachzudenken. Dazu kommt der Austausch mit Gleichgesinnten aus vielen Ländern in den Pilgerherbergen – auch hier lassen sich viele wertvolle Erkenntnisse nicht nur über den eigenen Glauben gewinnen.

Zugegeben: Von Einsamkeit kann auf dem Jakobsweg keine Rede mehr sein. 2010 machten sich rund 272 000 Menschen auf den Weg nach Santiago de Compostela – schon beinahe eine kleine Völkerwanderung. Doch um zu pilgern, müssen Sie nicht bis Santiago de Compostela laufen – auch durch Deutschland führt der Jakobsweg oder besser gesagt mehrere Jakobswege. So beginnt der Münchner Jakobsweg am Angerkloster am Jakobsplatz in München, führt dann nach Bregenz am Bodensee und mündet in die Schweizer Jakobswege. Auch in Hessen verläuft ein Zweig des Jakobsweges von Fulda nach Trier. Aber auch jenseits des berühmten Jakobsweges gibt es in Deutschland unzählige Wallfahrtsorte: Klöster und Kapellen oder andere Punkte von religiöser Bedeutung. Googeln Sie einfach einmal Ihren Wohnort oder Ihre Region in Verbindung mit „Wallfahrt" – Sie werden über die Anzahl der Suchergebnisse überrascht sein.

Und zu guter Letzt müssen Sie auch nicht unbedingt zu einem religiösen Ort pilgern. Sie können sich auch auf einen Weg machen, der nur für Sie eine spezielle Bedeutung hat. Das kann der Weg zu einem Kraftort in der Natur sein oder dem Ort, an dem Sie Ihre Partnerin kennengelernt haben. Wichtig bei Ihrer ganz persönlichen Pilgerreise ist, dass Sie eine Zeit lang nach innen schauen, sich besinnen auf das, worauf es im Leben ankommt, und ganz einfach einen Fuß vor den anderen setzen – so wie es im Leben ja auch Schritt für Schritt vorwärts geht.

Warum mit 50?

Vor allem nach dem Erfolg von Hape Kerkelings Buch zog es auch viele junge Leute auf den Jakobsweg. Irgendwie musste man einfach dabei sein, genauso wie wir eben auf einmal Papst waren. Der Jakobsweg war sozusagen ein Happening. Doch wie viele dieser jungen Pilger tatsächlich auch – sagen wir mal vorsichtig – spirituelle Motive hatten, ist unbekannt. Mit 50 dagegen können Sie der inneren Einkehr, die eine solche Pilgerreise mit sich bringt, schon mehr abgewinnen. Sie sind nun in einem Alter, in dem Sie ganz gerne mal über Ihr Leben nachdenken und sich auch Gedanken über größere Zusammenhänge machen. Und dazu ist eine Pilgerreise hervorragend geeignet.

An einen Ort, an dem es den Menschen schlechter geht als bei uns

Eine Reise in ein Entwicklungsland kann einem wirklich die Augen öffnen. Denn wir sehen, wie viele Menschen es gibt, die sehr viel weniger zum Leben haben als wir. Die in einfachen Häusern oder Hütten leben, in zerschlissenen Kleidern herumlaufen und sich freuen, wenn sie am Abend genug zu essen zu bekommen. Und trotzdem sitzen die Menschen nicht deprimiert herum, sondern gehen ganz normal ihrem Leben nach und kümmern sich darum, ihren mageren Lebensunterhalt zu verdienen.

Diese Armut hat viele Schattenseiten: Viele Menschen fertigen unsere Turnschuhe und Klamotten für einen Hungerlohn in Fabriken, die sich nicht um Arbeitszeitgesetze oder Arbeitssicherheit scheren. Kinder werden an reiche Touristen verkauft und eine vernünftige medizinische Versorgung können sich nur die Reichsten leisten. Und so bemerken wir plötzlich, wie gut es uns doch geht. Sauberes Wasser aus der Wasserleitung,

ein Überangebot an Nahrungsmitteln und wenn wir krank sind, gehen wir eben zum Arzt.
Vielleicht sind wir ein kleines bisschen dankbarer für das, was wir haben, wenn wir von so einer Reise zurück nach Hause kommen. Reisen in weit entfernte Länder sind allerdings teuer. Doch ganz sicher gibt es auch in Ihrer Nähe Orte, an denen es den Menschen weniger gut geht. Fahren Sie nur mal nach Berlin-Neukölln, nach München-Hasenbergl oder Hamburg-Wilhelmsburg. Auch da müssen viele Menschen mit erheblich weniger auskommen als Sie. Arbeiten Sie ruhig mal ehrenamtlich mit, zum Beispiel beim Bundesverband Deutsche Tafel (www.tafel.de), der überschüssige Lebensmittel an Bedürftige weitergibt. Sie haben Glück: Sie können sich jeden Tag etwas zu essen leisten. Nicht jeder auf der Welt und noch nicht einmal in Deutschland hat dieses Glück. Stimmt Sie das nicht auch nachdenklich?

Warum mit 50?

Weil es nicht jedem 50-Jährigen so gut geht wie Ihnen. In manchen Ländern sind 50-Jährige schon zahnlose alte Opas. Wenn Sie also ein bisschen mit Ihrem 50. Geburtstag hadern, dann kann Ihnen ein Besuch an einem Ort, wo es den Menschen schlechter geht als Ihnen, den Kopf wieder geraderücken. Na gut, Sie werden 50! Aber gibt es nicht vielleicht auch Schlimmeres?

In Ihre Traumstadt

Jeder von uns hat seine Traumstadt: eine Stadt, bei der wir uns denken: Da möchte ich leben! Manche von uns haben diesen

Traum verwirklicht, sind nach Berlin, Hamburg oder auch Paris gezogen und ihrem großen Traum so einen Schritt näher gekommen. Andere dagegen himmeln ihre große Liebe aus der Ferne an und träumen weiter von einem Leben dort.

Zugegeben: Wenn Ihre Traumstadt New York, Sydney oder Tokio ist, ist es nicht ganz leicht, dorthin auszuwandern. Und so einfach ein paar Tage zum Nachdenken nach Sydney zu verschwinden, will ich Ihnen jetzt auch nicht befehlen, denn erstens brauchen Sie das Geld vielleicht für andere Dinge dringender und zweitens will ich keine bösen E-Mails von Ihrer Partnerin bekommen, in der sie sich beschwert, dass ich Ihnen geraten habe, sich „einfach nach Australien abzusetzen“. Dieser Punkt gilt für also für alle diejenigen, die eine Traumstadt in erreichbarer Nähe haben: Gönnen Sie sich einen Tages- oder Wochenendausflug und überprüfen Sie, ob Wien, München oder London immer noch Ihre Traumstadt ist. Ihre Partnerin und Kinder können Sie gerne mitnehmen, denn sich zwischendurch ein oder zwei Stunden zum Nachdenken abseilen können Sie immer.

Wofür steht Ihre Traumstadt und steht sie immer noch dafür? Was gefällt Ihnen daran so gut, wozu inspiriert Sie diese Stadt? Welches Leben würden Sie leben, wenn Sie dort hinziehen könnten? Und können Sie vielleicht ein bisschen von diesem Leben in Ihr jetziges Leben bringen? Falls Sie zu denjenigen gehören, die von San Francisco, Kapstadt oder Rio träumen, können Sie immerhin in Gedanken dorthin reisen. Was bedeutet dieser Traum heute in Ihrem Leben? Träumen Sie immer noch den gleichen Traum? Oder haben sich Ihre Träume vielleicht geändert? Jede Menge Stoff zum Nachdenken also – nicht nur mit 50 Jahren!

Warum mit 50?

Zum 50. Geburtstag werden Sie jede Menge Geschenke bekommen. Aber warum beschenken Sie sich nicht auch selbst? Mit einer Reise in Ihre Traumstadt, zum Beispiel? Alternativ können Sie natürlich auch Ihre Gratulanten um Geldgeschenke bitten, etwa weil Sie sich und Ihrer Partnerin eine Reise nach London schenken wollen. Da ist so ein runder Geburtstag doch ein herrlicher Anlass – finden Sie nicht?

An einen Ort, an dem Sie in Ihrer Kindheit sehr glücklich waren

Bei mir ist das der Wald, der nicht weit hinter unserem Elternhaus begann. Er war nahe genug, dass uns unsere Eltern dort ganz alleine spielen ließen, aber weit genug, dass wir uns dort richtig frei fühlten. Wir bauten Baumhäuser und fischten in dem kleinen Tümpel nach Kaulquappen, die wir dann stolz in einem Marmeladenglas mit in die Schule brachten. Wir kletterten auf die höchsten Bäume und Stefan brach sich dort einmal den Arm, als er herunterfiel. Dann verboten uns unsere Eltern eine Zeit lang, auf Bäume zu klettern, aber wir taten es natürlich trotzdem. Wir stocherten mit Ästen in Kaninchen- und Fuchsbauten herum und sammelten im Herbst Brombeeren.
Heute wohnen meine Eltern woanders, doch den Wald gibt es immer noch. Und ich war neulich nach langer Zeit wieder mal dort. Wie klein mir das Wäldchen jetzt vorkam! Es war auch tatsächlich ein wenig geschrumpft, denn an zwei Seiten gruben sich Neubausiedlungen in den Wald hinein. Den Tüm-

pel gab es, doch Kaulquappen waren in der sumpfigen Brühe kaum mehr zu entdecken. Ein paar rostige Nägel zeugten noch von unserem Baumhaus. Und da drüben – das war der Baum, von dem Stefan einst herunterfiel. Noch immer kenne ich dieses Wäldchen wie meine Westentasche und zahlreiche Erinnerungen kamen in mir hoch. Wie unbedarft wir doch damals in den Tag hinein lebten! Das Schlimmste, das uns passieren konnte, war, dass wir bei schönstem Wetter zum Nachsitzen verdonnert wurden und deshalb nicht draußen spielen konnten.
Aber ein bisschen was von diesem Neunjährigen steckt auch noch heute in mir, und so schaue ich mich erst gut um, ob mich auch ja niemand beobachtet, und setze dann ganz vorsichtig einen Fuß auf den untersten Ast meines Lieblingskletterbaums. Und dann ziehe ich mich nach oben …

Warum mit 50?

In meinem Beispiel sind Sie mit 50 immerhin noch so gelenkig, dass Sie sich auf diesen Kletterbaum schwingen können (ob Sie auch wieder herunterkommen, sei einmal dahingestellt). Aber Sie können ja auch einen ganz anderen Ort haben, an dem Sie sich als Kind sehr glücklich gefühlt haben. Auch dann ist 50 ein gutes Alter, um ihn einmal wieder aufzusuchen. Erstens werden dabei viele schöne Erinnerungen wach und zweitens können Sie dann Ihren Freunden, die sich zu Ihrem Geburtstag sicherlich melden werden, davon erzählen. Und falls sich der Ort Ihrer glücklichen Kindheit stark verändert haben sollte, können Sie nun mit diesem Schock auch umgehen. Denn Sie wissen, dass das Leben immer auch Veränderung bedeutet.

Zehn Dinge, die Sie unbedingt tun müssen

Gehören Sie auch zu den Menschen, die To-do-Listen schreiben? In der Arbeit sicherlich, damit Sie nicht irgendetwas Wichtiges vergessen. Aber eine To-do-Liste fürs Leben schreiben? „Das ist doch Frauensache!", rufen Sie jetzt empört. Und weil ich genau weiß, dass Sie sich für Ihr Leben keine To-do-Liste geschrieben haben, gebe ich Ihnen jetzt eine für Ihr 50. Lebensjahr. Ätschbätsch!

Ein Bild malen, das auch aufgehängt wird

Gut möglich, dass sich die Wände Ihrer Wohnung im letzten Jahrzehnt deutlich verändert haben: Die ersten Krakelgemälde Ihrer Kinder sind endgültig auch aus dem hintersten Winkel in der Küche verschwunden, die großformatigen Familienporträts im Wohnzimmer haben Sie nach dem x-ten Kommentar von Besuchern à la „So dünn warst du damals?" in den Keller verbannt. Bevor Sie jetzt Ihre alten ABBA- oder Supertramp-Poster wieder auspacken, um die Lücken zu füllen oder Ihre Ersparnisse auf dem Kunstmarkt für teure, aber eigentlich hässliche Bilder hinauswerfen: Malen Sie doch mal selbst! Trauen Sie sich! Niemand wird sich über die Qualität Ihres Bildes lustig machen, nicht mal Ihre Frau: Die freut sich nämlich höchstwahrscheinlich, wenn Sie auch mal „was Kreatives" machen und wird Sie dabei unterstützen.

Egal, ob es sich um ein großformatiges abstraktes Ölgemälde oder ein zierliches Landschaftsaquarell aus dem Urlaub handelt, es ist ein erhebendes Gefühl, ein selbst gemaltes Werk an der Wand hängen zu sehen. Auch wenn es letzten Endes vielleicht nicht zum prominenten Platz über der Couch oder im Esszimmer reicht: Auch in Ihrem Büro oder im Keller über der Werkbank gibt es vielleicht noch freie Wände …

Warum mit 50?

Mittlerweile sollten Sie doch die traumatischen Erlebnisse aus dem Kunstunterricht überwunden haben, als der abzumalende Apfel auf Ihrem Gemälde immer nur wie eine schimmlige Orange aussah. Jetzt haben Sie den Vorteil, malen zu können, was Sie wollen, und keinem Menschen erklären zu müssen, was denn eigentlich dargestellt ist.

Einen Baum pflanzen/etwas wachsen lassen

Geben wir es zu: Männer sind besser darin, mit Rasenmäher oder Heckenschere Pflanzen am Wachsen zu hindern, als sie dabei zu unterstützen. Viele denken vielleicht noch mit Grausen an den vertrockneten Farn in Ihrer Junggesellenbude, der dann aber doch erst nach einigen Jahren heimlich von der Freundin weggeworfen wurde. Jetzt ist aber der Zeitpunkt, es noch mal damit zu versuchen! Schließlich waren fast alle berühmten Gärtner Männer. Und konnte es Ihnen früher möglicherweise nicht schnell genug gehen, Erfolg in Ihren Bemühungen zu sehen – mittlerweile sollten Sie die Geduld erworben haben, eine Pflanze beim Wachsen zu beobachten.

Nehmen Sie sich dafür Zeit, ein neu geöffnetes Blatt oder eine neue Knospe zum Ereignis werden zu lassen. Vom langsamen Wachsen der Pflanzen können wir viel über die unnötige Hektik unseres Lebens lernen.
Wie wäre es mit einem Baum im Garten? Der hat viele Vorteile. Wenn Sie ihn mit Stützhilfen und regelmäßigem Gießen durch die erste Zeit gebracht haben, wächst er mehr oder weniger von alleine. Pflanzen Sie ihn demnächst, wird er Ihnen im Alter Schatten spenden, wenn Sie vielleicht keine Lust mehr haben, sich von der Sonne verbrutzeln zu lassen. Im Idealfall wählen Sie sich für Ihr Pflanzprojekt einen Obstbaum. Nach einigen Jahren können Sie dann auch kulinarisch davon profitieren – nichts schmeckt besser als Früchte, die man selbst angebaut hat! Mit Ihren selbst gezogenen Äpfeln, Pflaumen, Kirschen oder Walnüssen können Sie außerdem die ganze Verwandtschaft mit gesunden Nahrungsmitteln versorgen. Und das Ganze ohne Pestizide oder Genmanipulation. Wer weiß, ob Ihre Enkel sonst noch wissen werden, wie ein richtig guter Apfel schmeckt, wie Sie ihn in Ihrer Kindheit gekostet haben.
Ein Tipp, um Sie vor einer Enttäuschung zu bewahren: Falls Sie einen Olivenbaum ins Auge fassen, ist es für ihr selbst gepresstes Öl vermutlich leider schon zu spät. Diese werden in Spanien „Enkelbäume“ genannt, weil es so lange dauert, bis sie Früchte tragen, dass erst die Enkel davon profitieren können. Aber das gute Öl aus Griechenland oder Italien schmeckt sowieso besser als das einheimische, warum sich also grämen?

Warum mit 50?

Bekanntlich heißt es ja auch im Volksmund, ein Mann solle in seinem Leben ein Haus bauen, einen Sohn zeugen und einen

Baum pflanzen. Haben Sie bisher noch nichts davon geschafft, ist die Variante mit dem Baum sicher die bei weitem unkomplizierteste und günstigste. Umgekehrt: Wenn das Haus schon steht und der Sohn vielleicht schon wieder daraus ausgezogen ist, ringt Ihnen das Baumpflanzen doch auch nur noch ein müdes Lächeln ab.

Bei der Rettung des Planeten helfen

Klimawandel, Umweltverschmutzung, Überbevölkerung – unserem Planeten geht es nicht gut, so viel steht fest. Tun Sie etwas dagegen!

Natürlich verlangt keiner von Ihnen, noch schnell eine Karriere als Umweltminister oder Bundeskanzler hinzulegen, um von oberster Stelle aus etwas bewegen zu können. Auch brauchen Sie beim nächsten Klimagipfel keine Farbbeutel zu werfen oder im Schlauchboot Wale vor Harpunen zu schützen. Im Rahmen Ihrer Möglichkeiten können Sie trotzdem Ihren Beitrag zur Rettung des Planeten leisten: Verzichten Sie auf den protzigen Geländewagen, der sowieso wie eine Midlife-Crisis auf vier Rädern wirkt und Unmengen an Benzingeld verschlingt. In Deutschland kommt man auch ohne Allradantrieb fast überall hin! Lassen Sie sich beraten, ob man Ihre Heizung nicht klimafreundlicher umbauen könnte. Vielleicht muss Ihr Haus ohnehin gerade renoviert werden – machen Sie ein Niedrigenergiehaus daraus.

Wenn Ihnen für solche Überlegungen die finanziellen Mittel fehlen, lässt sich auch im Kleinen eine Menge tun. Überlegen Sie, ob Sie zum Supermarkt um die Ecke wirklich das Auto nehmen müssen, wenn Sie nur eine Tüte Milch kaufen. Lernen Sie

Ihre Arbeitskollegen besser kennen, indem Sie Fahrgemeinschaften gründen. Drehen Sie den Thermostat der Heizung ein Grad hinunter – unter Umständen merken Ihre Familienmitglieder das gar nicht. Falls doch: Kaufen Sie ihnen von dem gesparten Geld warme Pullis und Socken. Wenn Ihnen das zu viel ist: Schalten Sie wenigstens das Licht in Zimmern aus, in denen Sie gerade nicht sind, auch andere elektrische Geräte – ein Fernseher auf Standby verursacht pro Tag bis zu 250 Gramm CO_2! Schon haben Sie etwas zum Wohle des Planeten getan. Wenn Sie sich dabei vorstellen, ein Superheld zu sein, der die Welt rettet, macht es auch noch Spaß und Sie fühlen sich gut dabei.

Warum mit 50?

Natürlich könnten Sie jetzt fragen: „Was geht mich das an?" Schließlich sind Sie mittlerweile in einem Alter, in dem Sie die ganz drastischen Auswirkungen der Umweltprobleme vielleicht nicht mehr erleben werden. Und wenn Sie es später im Alter dank des veränderten Klimas schön warm haben, ist das doch nur recht, oder? Nach mir die (klimatisch bedingte) Sintflut?

Halt! So denken Sie hoffentlich nicht! Sie wollen doch, dass Ihre Nachkommen sich auch noch so an der Welt erfreuen können, wie es Ihnen möglich ist. Dass auch zukünftige Generationen noch wissen, was ein Regenwald ist, oder sich an süßen Eisbärenbabys wie Knut erfreuen können. Selbst wenn Ihnen das egal ist: Ein Stück weit fällt die schleichende Zerstörung des Planeten auch auf Sie zurück, wenn Sie nichts dagegen getan haben. Sie hinterlassen Ihr Büro oder Ihre Wohnung ja auch nicht völlig verwüstet, wenn Sie daraus ausziehen. Und sagen Sie jetzt nicht, Sie alleine könnten ja sowieso nichts tun! Jeder noch so kleine Beitrag zur Rettung der Erde kann sich auszahlen – zumindest auf Ihrem persönlichen Zufriedenheitskonto, weil Sie etwas Gutes getan haben.

Einem besonderen Menschen etwas kochen

Sollten sich Ihre Kochkünste darauf beschränken, dass Sie sich gelegentlich eine Tiefkühlpizza auftauen oder Würstchen heiß machen, wenn Ihre Frau nicht da ist, ist es wirklich höchste Zeit, etwas daran zu ändern. Kochen ist nicht nur eine lästige Pflicht, um ohne großen Aufwand satt zu werden. Es ist auch eine Kunst, die in Maßen jeder erlernen kann. Natürlich braucht es dazu einen Anreiz, der über die eigene Verköstigung hinausgeht – wenn man nur für sich alleine kocht, wird man sich wahrscheinlich nicht sonderlich verkünsteln. Deshalb ein Rat: Kochen Sie etwas für einen besonderen Menschen!
Wen Sie sich dafür aussuchen, bleibt Ihnen überlassen. Überraschen Sie Ihre Frau zum Geburtstag mit einem selbst gekochten Menü, anstatt sie wie jedes Jahr zum Italiener auszuführen. Liebe geht durch den Magen, und selbst wenn der sich an Ihre Kochkünste erst gewöhnen muss, sind es die Geste und der besondere Moment, die dabei zählen. Versuchen Sie sich an Mutters Schweinebratenrezept, wenn Ihre Schwester einmal zu Besuch ist – neben den gemeinsamen Kindheitserinnerungen wird sie ganz neue Seiten an Ihnen entdecken. Das funktioniert genau so mit einem alten Schulfreund, den Sie so nach all den Jahren noch einmal richtig überraschen können. Sie sollten aber mit dem Gedanken an die Sache herangehen, dass Sie das auch für sich selbst machen: Es ist eine schöne Möglichkeit,

einem besonderen Menschen eine Freude zu machen und ihm Wohlbefinden zu bereiten. Geteilte Freude ist schließlich doppelte Freude. Außerdem kommen Sie neben dem Lob und der Zufriedenheit des anderen ja auch in den Genuss des leckeren Essens.

Warum mit 50?

Sie haben jetzt hoffentlich die Zeit und Ruhe, sich mit dem Ausprobieren neuer Rezepte zu beschäftigen. Die Zeiten, in denen die Kinder mit dem Besteck auf den Tisch getrommelt und „Hunger" geschrien haben, sind vorbei. Gerade für ein gelegentliches romantisches Dinner mit Ihrer Frau ist das Gold wert. Und wie gesagt: Liebe geht durch den Magen – für einen Neustart Ihrer Beziehung nach der stressigen Zeit, in der man sich in erster Linie um den Nachwuchs kümmern musste, können solche gemeinsamen Schlemmereien ganz neue Perspektiven eröffnen!

Erkennen, wie wichtig es ist, sich nicht zu sehr anzupassen

Selbstverständlich hat man im Laufe seines Lebens viele Situationen erlebt, in denen es notwendig war, mit dem Strom zu schwimmen. Wenn man in der Bank arbeitet, kann man dort eben nicht mit Punkfrisur und zerlöcherten Jeans auftauchen, sondern muss sich in Anzug und Krawatte zwängen. Auch in der Partnerschaft muss man Kompromisse eingehen, sonst wird das Zusammenleben auf Dauer unmöglich. In vielen kleinen Dingen des Alltags haben Sie es aber jetzt nicht mehr nötig, das zu tun, was alle machen. Das neue iPhone, das alle Ihre Freunde haben? Ihr altes Tastenhandy funktioniert doch noch hervorragend! Wenn Sie Fußball nicht interessiert, lesen Sie nicht widerwillig den Sportteil der Zeitung, bloß um im Büro mitreden zu können. Geben Sie einfach zu, dass Sie von Autos, Bohrmaschinen, Jazz oder französischem Kino keine Ahnung haben, wenn sich jemand mit Ihnen darüber unterhalten will – Ihnen fällt dadurch kein Zacken aus der Krone. Im Gegenteil, man wird Sie als die Persönlichkeit, die Sie nun einmal sind, respektieren und schätzen. Die Gefahr, dass Sie wegen solcher Kleinigkeiten bald als verschrobener Eigenbrötler verschrien sind, ist recht gering. Außerdem steigern Sie dabei auch Ihr Selbstwertgefühl und können sich als Person erst richtig kennenlernen.

Warum mit 50?

Das halbe Jahrhundert, das Sie nun mal jetzt hinter sich gebracht haben, hat Sie nicht nur älter (und damit vielleicht körperlich nicht mehr ganz so fit wie früher) werden lassen. Sie sind mittlerweile auch eine gereifte Persönlichkeit. Sie wissen, wo Sie stehen, was Ihnen gefällt und womit man Sie jagen kann. Gönnen Sie es sich also selbst, auch zu dieser Persönlichkeit zu stehen! Mit den Wölfen zu heulen, bloß um Anerkennung zu erheischen, brauchen Sie nicht mehr!

Ein Buch schreiben

Alleine in Deutschland erscheinen jedes Jahr fast 100 000 neue Bücher. Jede Wette, dass da etliche dabei sind, die Sie genauso gut zu Papier hätten bringen können! Sie müssen ja nicht gleich der neue Goethe oder Thomas Mann werden. Den Möglichkeiten und Themen, die Sie zwischen zwei Buchdeckel bringen können, sind kaum Grenzen gesetzt. Vielleicht haben Sie ein ausgefallenes Hobby, züchten zum Beispiel seltene Reptilien? Oder Sie stellen selbst Met aus Honig her? Gut möglich, dass es dazu noch keine Literatur auf dem Sachbuchmarkt gibt. Wenn Sie einmal mit dem Fahrrad quer durch Schweden gefahren sind, schreiben Sie doch einen Reiseführer mit Tipps für Radler, die es Ihnen nachmachen möchten. Oder haben Sie schon länger die Idee für einen Krimi im Kopf, bei dem der Ermittler genauso clever ist wie Sie selbst? Oder wie wäre es mit einem Fantasy-Roman, dessen Held genauso muskelbepackt und stark ist wie Sie selbst (in Ihren Träumen)? Oder einer grandiosen Liebesschnulze, wo der Held …? Ganz bestimmt wird Ihnen etwas einfallen, wenn Sie sich ein wenig damit beschäftigen. Und selbst wenn Ihr geniales Werk wider Erwarten keinen Verlag findet und nicht in einem fetten Lederband mit Goldprägung im Regal prangen wird: Auch hier gilt der alte Spruch, dass der Weg das Ziel ist.

Schreiben ist eine wunderbare Beschäftigung: Sie gebrauchen Ihren Geist, schöpfen alles aus sich selbst, nur Sie und der Bleistift – und dennoch kann dadurch eine ganze Welt entstehen. Und es tut Ihnen unmittelbar gut: Schreiben befreit den Geist und reinigt die Seele!

Warum mit 50?

Jetzt wäre eine gute Zeit, mit der Niederschrift Ihres Buchs zu beginnen! Vermutlich sind die Kinder alt genug, dass Sie abends die Ruhe haben, sich mit einem guten Glas Wein an den Schreibtisch zu setzen und Ihrer Fantasie freien Lauf zu lassen. Nachdem Sie in Ihrem Alter nicht mehr unter dem Druck stehen, die Literatur revolutionieren zu müssen, brauchen Sie auch nicht unbedingt einen möglichen Leser und den entsprechenden Markt dazu im Kopf haben. Sie können einfach das schreiben, wonach Ihnen der Sinn steht. Vielleicht ist es auch schon Zeit für eine erste Lebensbilanz in Form von Memoiren? Oder Sie erinnern sich noch an die selbst ausgedachten Geschichten, die Sie Ihren Kindern zum Einschlafen erzählt haben – die könnten Sie doch aufschreiben, um sie später auch den Enkeln zu erzählen.

Den Sinn des Lebens entdecken

In Douglas Adams' Science-Fiction-Roman „Per Anhalter durch die Galaxis" benötigt ein nur für diesen Zweck konstruierter Supercomputer sieben Millionen Jahre, um den Sinn des Lebens herauszufinden. Und dann sollen Sie es im nächsten Lebensjahrzehnt schaffen? Keine Sorge, so grundlegend brauchen Sie ihn nicht zu erforschen. Die Frage, warum es das Universum und die Menschen gibt und wozu das alles gut sein soll, können Sie getrost den Computern überlassen. Oder den Philosophen. Die knabbern immerhin auch schon seit mehreren Tausend Jahren daran, das Problem zu lösen. Wichtig ist doch: Worin liegt der Sinn für Sie?
Karriere, Erfolg, Ansehen – klar, das ist die eine Seite der Medaille. Angeblich ist für über die Hälfte aller Männer der Beruf wichtiger als das Privatleben. Aber soll der Sinn Ihres Lebens tatsächlich darin liegen, dass Sie 1997 die Idee zu einem

Projekt hatten, das letztlich Ihrer Firma eine Umsatzsteigerung von 0,05% eingebracht hat? Hm. Stellen Sie sich doch mal die Frage, was Ihnen im Leben abseits des Berufes am wichtigsten ist. Ist es das harmonische Zusammenleben mit der Partnerin? Oder der reine Genuss, wenn man mit einem Cocktail am Strand die Seele baumeln lassen kann? Möchten Sie die Welt positiv verändern und engagieren Sie sich zu diesem Zweck? Haben Sie besondere Talente, die Sie etwas vollbringen lassen, das andere nicht können?

Was der Sinn Ihres Lebens ist, können nur Sie selbst herausfinden. Und was dabei am wichtigsten ist: Sie brauchen sich dafür nicht zu schämen – nicht jeder ist dazu bestimmt, in die Geschichtsbücher einzugehen oder die Welt zu retten.

Warum mit 50?

Auch für den Fall, dass das Rentenalter in den nächsten Jahren noch weiter nach oben korrigiert wird: Sie haben nun schon den größeren Teil Ihres Arbeitslebens hinter sich. Sicher, die Karriere ist für viele Menschen sinnstiftend. Gehören Sie zu diesen, sollten Sie sich aber allmählich darauf einstellen, diesen Lebenssinn in den nächsten Jahrzehnten zu verlieren. Also ist es an der Zeit, sich einen anderen zu suchen. Wenn Sie ihn schon gefunden haben – umso besser! Erinnern Sie sich aber auch regelmäßig daran und gestalten Ihr Leben entsprechend!

Belanglose Dinge verschenken

Ohne Frage, in einem Haushalt sammeln sich eine Menge Dinge an, auch wenn man regelmäßig ausmistet. Vieles möchten wir nicht wegwerfen, obwohl es eigentlich keine besondere Bedeutung mehr für uns hat. Früher mussten vielleicht alle Platten von Bruce Springsteen im Regal stehen, heute hören wir nur noch eine davon, weil wir besondere Erinnerungen daran haben (wenn wir überhaupt noch einen Plattenspieler besitzen). Die Vase im Flur haben wir zwar von der Großmutter geerbt, verbinden damit aber keine Erinnerungen an sie. Und was ist mit dem gut gemeinten Geschenk der Schwägerin, einer antiken Uhr, die wir aber scheußlich finden?

Natürlich könnte man solche Gegenstände auch bei eBay verkaufen und zu Geld machen, aber wenn Sie die vergleichsweise niedrigen Gewinne nicht nötig haben, ist es der Mühe auch nicht wert. Viel besser ist es doch, wenn Sie solche für Sie belanglosen Gegenstände verschenken! Vielleicht kennen Sie jemanden, der sich gerade wieder einen Plattenspieler gekauft hat und froh über alle möglichen Schallplatten ist. Oder überraschen Sie einen Gast, der die schöne Uhr lobt, und drücken Sie ihm das alte Teil einfach als Geschenk in die Hand.

Wenn sich für Sie der Verkauf der Dinge nicht lohnt, dann geben Sie sie sozialen Einrichtungen, die sich auch über Sachspenden freuen. So können Sie anderen eine wertvolle Freude machen und profitieren selbst, indem Sie auch bei Ihrem Besitz das Wichtige vom Unwichtigen trennen. Es ist doch nicht nötig, belanglosen Ballast durchs Leben zu schleppen!

Warum mit 50?

Es ist einfach mal an der Zeit, dass Sie ausmisten. Vielleicht sind Sie bisher vor lauter Arbeit und Stress mit den Kindern gar nicht dazu gekommen. Vor allem sollten Sie mittlerweile wissen, was für Sie Dinge mit Bedeutung sind und was nur unnötiger Ballast. Ehe Sie den mit ins nächste Lebensjahrzehnt schleppen, machen Sie damit doch lieber anderen eine Freude!

Zeit in Freundschaften investieren

Ob alte Schul- oder Studienfreunde, Kollegen, mit denen Sie sich abends mal auf ein Bier treffen, oder die Jungs vom Sportverein – Sie haben sicher schon viele, unterschiedlich intensive Freundschaften erlebt. Manche Freunde waren nur in einem bestimmten Lebensabschnitt wichtig, andere sind seit Kindertagen immer für Sie da, wenn Sie es brauchen. Bei manchem ehemaligen Freund bedauern Sie zutiefst, dass der Kontakt irgendwie eingeschlafen ist – wegen der nervigen Tussi, die ihn ganz für sich haben wollte, weil Sie wegen der Kinder keine Zeit mehr hatten oder Sie sich aus anderen Gründen auseinandergelebt hatten. Andere haben Sie, nachdem der Kontakt lange Jahre eingeschlafen war, zufällig wieder getroffen und gehen jetzt erneut durch Dick und Dünn. Damit Sie auch in Zukunft nicht alleine dastehen, ist jetzt eine gute Zeit, in Freundschaften zu investieren.

Halten Sie Kontakt zu Ihren Freunden, melden Sie sich regelmäßig und teilen Sie ihnen wichtige Neuigkeiten in Ihrem Leben mit. Bei manchen Menschen genügt es, wenn man alle paar Monate miteinander spricht, und es ist trotzdem so, als hätte man sich gerade gestern erst gesehen. Andere Freunde werden einem schnell fremd – hier sollten Sie häufiger miteinander sprechen, damit diese Freundschaften erhalten bleiben. Natürlich kann es auch sein, dass manche Freundschaften einschlafen oder anders zu Ende gehen – nicht unbedingt, weil wir uns zerstreiten, sondern auch weil wir uns in andere

Richtungen entwickelt haben. Ihr Freund Thomas zum Beispiel hat vor fünf Jahren zum zweiten Mal geheiratet und noch eine kleine Tochter bekommen. Und viele seiner Gespräche handeln nun von Kitas und „Prinzessin Lillifee“, während Sie gerade mit dem BAföG-Antrag Ihres Sohnes kämpfen. Wenn Ihnen Thomas wichtig ist, sollten Sie trotzdem Zeit in diese Freundschaft investieren – auch die kleine Tochter wird größer. Und vererbt dann vielleicht ihre „Prinzessin Lilifee“-Sammlung Ihrer Enkelin.

Warum mit 50?

Die Freunde, die Sie heute haben und die in Ihrem Alter sind, werden sich – wie Sie selbst – in ihrer Persönlichkeit nicht mehr großartig verändern. Aller Wahrscheinlichkeit nach lassen sie sich nicht mehr von einer neuen Lebenspartnerin die alten Freunde madig machen und melden sich deswegen nicht mehr bei Ihnen. Oder ziehen in eine andere Stadt und lernen dort coolere Typen als Sie kennen. Auch gründen sie im Normalfall keine Familien mehr und treffen sich dann nur noch mit anderen Paaren mit kleinen Kindern. Die Freunde, die Sie jetzt haben, bieten alle Voraussetzungen, auch Freunde fürs Leben zu bleiben. Entweder hat Ihre Freundschaft schon viele verschiedene Lebensphasen überstanden und ist gefestigt oder Sie haben sich schon als „fertige“ Persönlichkeiten kennengelernt und schätzen sich so, wie Sie sind. Womöglich sind Ihre Kinder auch schon größer oder Sie brauchen nicht mehr 16 Stunden am Tag für Ihre Karriere zu schuften – da haben Sie genug Zeit, viel mit Ihren Freunden zu unternehmen. Laden Sie doch einen alten Freund mal übers Wochenende zu sich ein und ziehen Sie wie früher um die Häuser!

Einem alten Freund schreiben

Erinnern Sie sich noch an Markus? Damals, in der 10. Klasse waren Sie unzertrennlich. Haben zusammen Fußball gespielt, in Mathe voneinander abgeschrieben und sich gemeinsam geärgert, dass Sie bei Sandra keine Chance hatten. Und einmal, da sind Sie in einer warmen Sommernacht ins Freibad eingebrochen und ein paar Runden geschwommen. Später kamen dann andere Freunde und andere Interessen dazu, aber Sie hingen immer noch in der gleichen Clique herum. Bis sich nach dem Abitur Ihre Wege ganz plötzlich trennten. Markus ging zum Bund, Sie machten Zivildienst. Was er danach gemacht hat, haben Sie nur noch über Dritte erfahren – eine Banklehre war es. Bei den Klassentreffen, die alle fünf Jahre stattfinden, hat mal er, mal Sie gefehlt. Und Sie stellen fest, dass Sie keine Ahnung haben, was Markus heute macht. Aber wäre es nicht interessant zu wissen, ob er je die USA mit dem Motorrad durchquert hat, wie er als 16-Jähriger träumte?

Nehmen Sie Kontakt mit Markus – oder Peter, Andreas, Tobias … – auf und fragen Sie ihn einfach! Sie wissen nicht, wo Markus wohnt? Dann fragen Sie mal Tante Google. Und Onkel Facebook. Oder den Vetter Stayfriends. Irgendwo werden Sie Markus schon finden. Melden Sie sich mit einer kurzen Mail, erzählen Sie ihm, dass Ihnen gerade die Nacht im Freibad wieder eingefallen ist, und fragen Sie ihn, wie es ihm geht. Wenn er sich meldet – schön für Sie! Vielleicht können Sie gemeinsam in alten Erinnerungen schwelgen und lachen sich noch heute schlapp über den Streich, den Sie Mathelehrer Böck gespielt haben. Vielleicht stellen Sie aber auch fest, dass die guten alten Zeiten endgültig vorbei sind und Sie sich nichts mehr zu sagen haben. Aber Sie haben es zumindest versucht und wissen nun, was aus Markus geworden ist. Vielleicht meldet sich Markus aber auch nicht – dann akzeptieren Sie das eben.

Warum mit 50?

Weil Sie feststellen werden, dass Sie immer öfter an die alten Zeiten zurückdenken werden. Weil Sie jetzt wissen, dass zu einer echten Freundschaft mehr gehört, als nur voneinander Mathe abzuschreiben. Und weil Sie Markus ab und zu vermissen und sich fragen, was wohl aus ihm geworden ist. Noch nie war es so leicht wie heute, verschollene Freunde wiederzufinden – also: Nichts wie ab ins Internet!

Zehn Dinge, die Sie nicht mehr tun müssen

Genauso praktisch wie sich To-do-Listen zu schreiben, ist, sich Not-to-do-Listen zu schreiben. Aber das machen noch weniger Männer. Ich schon! Und hier ist meine persönliche Not-to-do-Liste für Sie: mein Geburtstagsgeschenk zum Fünfziger!

Schlechten Wein trinken

Schon Goethe wusste: „Das Leben ist zu kurz, um schlechten Wein zu trinken." Klar, der billige Lambrusco, der im Supermarkt immer ganz unten im Regal steht, hat Ihnen vielleicht durch finanziell karge Jahre während der Lehre oder des Studiums geholfen. Die Kopfschmerzen, die sich dann unweigerlich am nächsten Tag einstellten, brauchen Sie heute aber nicht mehr in Kauf zu nehmen!

Sie müssen ja nicht gleich zum Weinkenner werden und Önologie (so heißt die Kunst des Weinherstellens) in der Abendschule studieren. Es reicht schon, wenn Sie auf die ca. 10 000 Geschmacksknospen auf Ihrer Zunge hören. Jeder Mensch hat andere Vorlieben – oft schmeckt uns persönlich der teuerste Tropfen aus exquisiter Hanglage und edelstem Jahrgang weniger gut als der Mittelklassewein von Aldi. Trinken Sie den Wein zu Ihrem eigenen Genuss. Es geht weder darum, vor Ihren Freunden anzugeben, noch darum, dank irgendeines

Fusels möglichst schnell einzuschlafen. Und schon gar nicht darum, sich einen anzusaufen. Dafür ist auch schlechter Wein schon zu schade!

Warum ab 50 nicht mehr?

Sie brauchen jetzt doch nicht mehr auf den Preis oder das Prestige zu schauen, sondern können tun und trinken, was Sie wollen! Ihr Magen und Ihr Schädel werden es Ihnen danken – Ihre Leber lassen wir hier mal außen vor. Das Prinzip, keinen schlechten Wein mehr zu trinken, sollten Sie auch im Restaurant beherzigen: Ein Jungspund, der sich beim Kellner beklagt, dass „der Wein korkt", wird vermutlich nicht ernst genommen. In Ihrem nunmehr respektablen Alter wird es aber niemand wagen, Ihnen zu widersprechen. Auch wenn Ihnen der Ober einen Schluck Wein zum Kosten einschenkt, dürfen Sie spätestens jetzt ehrlich sein und gegebenenfalls eine andere Flasche bestellen, wenn er nicht mundet.

Sich Rat aus Büchern holen

Was tun Sie hier eigentlich? In Ihrem Alter sollten Sie doch mit allen Wassern gewaschen sein und keine Ratschläge von anderen mehr nötig haben? Hören Sie sofort auf zu lesen!
Zugegeben, an dieser Stelle läuft dieses Buch Gefahr, sich selbst abzuschaffen. So ist es aber natürlich nicht gemeint: Sie stehen schließlich momentan vor einem neuen Lebensabschnitt, mit dem Sie noch keine Erfahrungen gemacht haben, da können diese Tipps hoffentlich helfen. Vermutlich haben Sie sich bis jetzt auch noch nicht ernsthaft mit Erbrecht oder Altersgebre-

chen befasst – gut möglich, dass Sie dazu noch einmal einen Ratgeber brauchen. Das ist natürlich erlaubt! Es geht hier eher um die zahlreichen gedruckten Hilfsangebote, wie Sie Ihr Alltags- und Arbeitsleben meistern können. Sicher schaffen Sie das doch mittlerweile selbst! Brauchen Sie wirklich noch jemanden, der Ihnen erklärt, wie Sie durch ein 10-Punkte-Programm mit Ihrer Frau die „Eiszeit des Unverstandenseins" verlassen, um mit ihr im „Meer der Harmonie" zu baden? Oder haben Sie noch immer Tipps nötig, wie Sie sich bei einem Bewerbungsgespräch am besten verkaufen? Haben Sie ernsthaft vor, jetzt noch Ihre Ernährung umzustellen (wenn Ihnen nicht der Arzt dazu rät …)? Oder fallen Sie tatsächlich noch auf alle möglichen grauslich klingenden Diäten herein? Eben.

Warum ab 50 nicht mehr?

Sie wissen in Ihrem Alter doch am besten, was gut für Sie ist, wie Sie Ihre Beziehung im Krisenfall kitten können oder wie Sie Ihren Arbeitsalltag möglichst unkompliziert gestalten können. Wahrscheinlich könnten Sie mittlerweile selbst einen solchen Ratgeber schreiben und Ihre Erfahrungen weitergeben. Sparen Sie sich das Geld und die Zeit und genießen Sie beides einfach so, wie Sie es sich über die Jahre selbst beigebracht haben!

Sich ein neues Image zulegen

Jeder Mensch verändert sich im Laufe seines Lebens mehrfach. Vom Rocker in Lederjacke und Cowboystiefeln auf dem

Gymnasium über die Birkenstocks und Strickpullis während des Studiums hin zum smarten Anzugträger am Arbeitsplatz. Vielleicht haben auch Sie schon einige Imagewechsel vollzogen, hinter denen Sie jeweils mit vollster Überzeugung standen. Ist das aber heute noch nötig? Überlegen Sie doch mal, wie andere Leute Sie sehen. Kommt es dabei auf das an, was Sie nach außen, eben mit Ihrem Image transportieren, oder geht es nicht viel eher dabei um innere Werte?

Warum ab 50 nicht mehr?

Sie sollten in Ihrem Alter doch über den äußeren Dingen stehen. Sie sind, wer Sie sind, und müssen sich nirgends mehr anpassen oder den anderen durch eine neue Persönlichkeit etwas beweisen. So ein Imagewechsel bringt doch auch viele Unannehmlichkeiten mit sich – Sie müssen sich neu einkleiden, auf lästige Fragen nach einer eventuellen späten Midlife-Crisis antworten und sich vor Ihrer Frau rechtfertigen.

Sollten Sie Single sein: Ein neues Image macht Sie weder jünger noch attraktiver für Frauen. Der Bauchansatz und die zurückgehenden Haare bleiben nämlich so, wie sie sind. Und Frauen schätzen es allerspätestens in Ihrem Alter, wenn ein Mann seine eigentliche Persönlichkeit gefunden hat und sich nicht immer noch ständig neu erfindet. Ganz abgesehen davon: Denken Sie nur an den Spott Ihrer Kollegen, wenn Sie plötzlich mit Jeansjacke und Henriquatre-Bart (so heißt das Gestrüpp, das manche Männer sich rund um den Mund und am Kinn stehen lassen, und das auch Deutschlands berühmtesten Chef „Stromberg“ schmückt) am Arbeitsplatz aufkreuzen und einen auf wild und gefährlich machen! Kurz und gut: Jetzt haben Sie es sich verdient, so zu bleiben, wie Sie sind, und das ist gut so!

Für die Zukunft sparen

Sicher war es oftmals in Ihrem Leben nötig, Ihr Geld zusammenzuhalten. Ob es sich um Sparbücher oder Bausparverträge handelte oder um alltägliche Ausgaben ging: Oft haben Sie sich das verwehrt, was Sie gerne gehabt hätten. Dann gab es eben doch nur den Urlaub in Italien anstatt in den USA. Den Passat anstelle des BMW. Gemüse von Aldi und nicht aus dem Feinkostladen. Aber mal ganz ehrlich: Haben Sie das jetzt noch nötig? Wann wollen Sie eigentlich damit aufhören, immer nur Geld zurückzulegen?

Wenn Sie einen halbwegs sicheren Beruf haben, zumindest zum jetzigen Stand die Aussicht auf eine solide Rente und keine Schulden abzubezahlen haben: Lassen Sie es gut sein mit dem Sparen! Für welche Zeiten müssen Sie denn noch Geld zurücklegen? Die Kinder sind dabei, erwachsen zu werden, und verdienen bald selbst etwas. Das Haus oder das Auto ist auch bald abbezahlt. Wie, Sie haben noch einen Bausparvertrag? „Wer jetzt kein Haus hat, baut sich keines mehr", heißt es bei Rilke, und das gilt bald für Sie – fangen Sie also mit dem Bauen an oder hauen Sie das gesparte Geld auf den Putz! Eine sparsame Familienkutsche brauchen Sie auch nicht mehr, der nächste Wagen darf ruhig etwas mehr kosten. Erfüllen Sie sich Ihre Urlaubsträume, die Sie sich aus Geldgründen bisher versagt haben! Und was die Dinge für den täglichen Bedarf angeht: Jede Woche in den Prospekten der einzelnen Discountmärkte zu lesen, wo es welches Produkt gerade besonders günstig gibt und dann auf Schnäppchenjagd zu fahren – das kostet doch auch nur Zeit und Nerven!

Lassen Sie sich in Ruhe von einem Fachmann beraten, was Sie an Ihrem neuen Computer wirklich brauchen, anstatt sich mit

Hundert anderen morgens um acht bei Aldi um das neueste Super-Angebot zu prügeln. Führen Sie Ihre Frau öfter mal zu einem guten Essen aus, gönnen Sie sich so viel wie möglich von dem, das Sie sich früher versagt haben!

Warum ab 50 nicht mehr?

Geld macht nämlich nur dann glücklich, wenn man es auch ausgibt. Jetzt ist der Zeitpunkt gekommen, wo Sie sich hoffentlich keine Sorgen mehr um Ihre finanzielle Zukunft machen müssen, dann genießen Sie doch die Gegenwart! Und für welche Zeit haben Sie denn das Geld zurückgelegt? Man weiß ja nie, was die Zukunft bringt. Deswegen: Nutzen Sie den Tag, indem Sie sich was gönnen!

Sich bei Facebook anmelden

Alle Welt, so scheint es, ist mittlerweile bei Facebook registriert. Ihre Kinder kommunizieren möglicherweise kaum mehr anders mit ihren Freunden. Falls Sie ein Internetmuffel sind und Facebook nicht kennen: Man kann sich über Facebook verabreden, Fotos austauschen, aller Welt mitteilen, was man gerade macht, oder auch Leuten hinterherspionieren. Haben Sie auch schon einmal darüber nachgedacht, sich dort einen Account zuzulegen? Lassen Sie es bleiben!

Warum ab 50 nicht mehr?

Erstens werden die wenigsten Freunde in Ihrem Alter dort zugange sein. Sie haben noch die mittelalterlichen Zeiten erlebt, wo man miteinander telefoniert oder sich getroffen hat, um sich zu unterhalten. Die wichtigen Dinge bespricht man doch von Mund zu Mund oder von Angesicht zu Angesicht. Ob sich ein Facebook-Freund gerade ein lustiges Internetvideo mit einer süßen Katze angeschaut hat, zählt definitiv nicht dazu, also kann man auf diese Information auch verzichten. Auch wenn Sie vielleicht denken, über Facebook alte Freunde wiederzufinden – das wird höchstwahrscheinlich nicht passieren! Zu den alten Freunden, die es wert sind, haben Sie eh noch Kontakt. Die Gefahr ist viel größer, dass Sie von Leuten kontaktiert werden, die sich für alte Freunde halten. In Wirklichkeit waren Sie aber froh, mit denen nichts mehr zu tun zu haben! Außerdem weiß man doch, wie gefährlich es sein kann, eventuell peinliche Fotos und Daten im Internet zu veröffentlichen. In Ihrem Fall könnte es sogar noch schlimmer kommen: Vielleicht schauen sich Leute Ihr Profil an, es interessiert sie aber gar nicht, ob Sie im Toskanaurlaub einen guten neuen Wein entdeckt haben oder mit Ihrer Frau beim Bridgespielen waren. Ersparen Sie sich die Enttäuschung, wenn niemand Ihre Bekanntmachungen mit „Gefällt mir“ bewertet – und melden Sie sich gar nicht erst an! Auch Ihre Kinder werden es Ihnen danken: Nichts ist peinlicher, als digital mit den eigenen Eltern befreundet zu sein.

Gut aussehen

Gleich vorneweg: Selbstverständlich sehen Sie gut aus! Das wird sich auch im nächsten Lebensjahrzehnt nicht ändern. Sehen Sie das anders und fühlen sich unter Druck, Ihr Äußeres zu verbessern? Dann lesen Sie hier weiter:

„Natürliche Schönheit kommt von innen“ heißt es in einem Werbespot – interessanterweise wird damit eine Hautcreme beworben, die ja der äußeren Anwendung dient. Diesen Spruch können Sie im neuen Lebensjahrzehnt zu Ihrem Motto machen! Wir wissen doch, Männer werden im Alter interessanter. Und mit „interessant“ ist sicher kein glatt gebügeltes, schönheitsoperiertes 0815-Gesicht gemeint, sondern gerade die Macken und Falten, die sich dort über die Jahre angesammelt haben. Stehen Sie dazu, wie auch zu Ihrem Körper. Natürlich tut es gut, Sport zu treiben und halbwegs in Form zu bleiben. Ein über 50-Jähriger mit einem Bodybuilderkörper wirkt aber eher lächerlich. Frauen in Ihrem Alter mögen es mittlerweile meistens, wenn an Ihrem Körper etwas „zum Kuscheln“ dran ist und sie sich geborgen fühlen können.
Auch bei der Wahl Ihrer Kleidung müssen Sie nicht mehr zwanghaft auf das gute Aussehen achten. Klar, für Strickjacke und Filzpantoffeln ist es noch zu früh. Aber gönnen Sie sich doch den kleinen Luxus, eine neue Winterjacke einfach nach dem Gesichtspunkt auszusuchen, ob sie schön warm ist, und nicht, ob sie dem neuesten modischen Schrei entspricht. Oder ob die Jeans vielleicht einfach bequem ist, auch wenn sie nicht Ihr knackiges Hinterteil betont.

Warum ab 50 nicht mehr?

Sie werden sehen, niemand wird hinter Ihrem Rücken tuscheln, dass Sie sich gehen lassen. Im Gegenteil, man wird es schätzen, dass Sie zu sich und Ihrer „natürlichen Schönheit“ stehen – auch Selbstbewusstsein macht attraktiv …

Das Fähnchen nach dem Wind drehen

Es ist statistisch erwiesen: Menschen (und insbesondere Männer!) werden im Laufe ihres Lebens immer konservativer. Wer beim ersten Wählen sein Kreuzchen bei den Grünen gemacht hat, wechselt vielleicht irgendwann zur SPD und landet am Ende sogar in der sogenannten bürgerlichen Mitte. Wer in seiner Jugend ganz vorne bei den Studentendemos dabei war, denkt heute vielleicht, dass die Typen, die da demonstrieren, doch erst einmal arbeiten gehen sollten. Schauen Sie sich die vielen Alt-68er an, die heute beim Marsch durch die Institutionen Speck angesetzt haben und gar nicht mehr so überzeugt von den ehemaligen Idealen sind. Bei vielen setzt also im Laufe des Lebens ein Umdenken ein, was politische Fragen anbelangt.

Umdenken lässt sich aber auch in vielen anderen Bereichen: Der notorische Junggeselle, der immer nur seinen Spaß und keine dauerhafte Beziehung haben wollte, findet plötzlich die Frau fürs Leben und ist zwei Jahre später schon verheiratet und Vater. Der glühende FC-Bayern-Fan ist mit der Vereinspolitik nicht mehr einverstanden und wechselt zum 1. FC Nürnberg. Wer sein Leben lang aus Prinzip nur schwarze Socken getragen hat, entdeckt plötzlich die Bequemlichkeit weißer Tennissocken und erlaubt sich diese zu Hause auch mal. Der Mensch ist ja flexibel!

Warum ab 50 nicht mehr?

Dem Altersstarrsinn müssen Sie nun weiß Gott noch nicht verfallen – ein bisschen Flexibilität schadet nie. Im größeren Maßstab wirkt man aber in Ihrem Alter schnell wie das berühmte

„Fähnchen im Wind“, wenn man seine Meinungen und Ansichten zu oft wechselt. Man erwartet einfach von Ihnen, dass Sie in Ihren Meinungen gefestigt und in Ihrer eigenen Persönlichkeit angekommen sind. Und sein Sie darüber doch froh! Machen Sie es sich in Ihren alten Ansichten und Vorstellungen bequem, dann müssen Sie auch keinen Trends mehr hinterherlaufen.

Rauchen

Grundsätzlich muss natürlich die Frage erlaubt sein, wann und warum man denn bisher überhaupt rauchen musste. Wenn Sie vernünftig sind, haben Sie schon längst damit aufgehört oder gar nie damit angefangen. Sollten Sie zu den 35 Prozent der Männer in Deutschland gehören, die trotz aller Abschreckungen noch immer rauchen, wird es Zeit, sich zu sagen: Das muss ich nicht mehr tun!
Was spricht für Sie denn heute noch fürs Rauchen, außer dem Suchtfaktor? Um Ihre Coolness brauchen Sie sich doch längst keine Gedanken mehr zu machen. Auch wenn Sie sich auf dem Schulhof besonders verwegen und erwachsen dabei gefühlt haben, sich eine anzustecken, über solche Gefühle sind Sie längst erhaben. Viele Leute rauchen auch aus Unsicherheit oder Nervosität – haben Sie das noch nötig? Alle Ihre Kollegen und Freunde rauchen? Fangen Sie als Erster damit an, aufzuhören, vielleicht bleiben die anderen dann auch bald mit Ihnen im Warmen der Kantine oder der Kneipe, anstatt sich draußen von Wind und Wetter durchpeitschen zu lassen.

Warum ab 50 nicht mehr?

Die großen gesundheitlichen Risiken sind Ihnen natürlich bekannt – bloß können Sie allmählich nicht mehr mit der Schulter zucken und sie in eine ferne Zukunft schieben. Statistisch gesehen leben Sie sechs Jahre länger, wenn Sie mit 50 noch zu rauchen aufhören! Ganz davon abgesehen, kommen Sie nun langsam in das Alter, wo man Ihnen das jahrelange Rauchen auch als Mann anmerkt. Möchten Sie sich morgens im Spiegel von riesigen Tränensäcken angrinsen lassen, während Sie sich gerade die Lunge aus dem Leib husten? Genau!

Lange Haare haben

Männer mit langen Haaren – früher galten sie mal als unwiderstehlich oder besonders verwegen. War es im 19. Jahrhundert noch gang und gäbe, dass Männer sich die Haare nicht schneiden, offen tragen oder zu einem Zopf binden, kam diese Mode erst wieder in den Hippiezeiten auf. Seither ist es ein äußeres Zeichen der Unangepasstheit. Haben Sie das noch nötig?

Warum ab 50 nicht mehr?

Erst einmal Glückwunsch, sollten Sie in Ihrem Alter noch die Haarfülle haben, die eine Langhaarfrisur erlaubt. Einen zweiten Guildo Horn braucht frisurentechnisch kein Mensch, nicht umsonst war der in Ihrem Alter immer noch auf die Nussecken von Mutti angewiesen. Aber trotzdem: Spätestens wenn die ersten grauen Strähnen die langen Zotteln durchsetzen – wirkt das dann immer noch jugendlich und rebellisch? Oder eher so, als wollten Sie mit Gewalt jugendlich bleiben? Und mal ganz ehrlich: Ist es nicht ungeheuer nervig, jeden Morgen ewig die Mähne zu föhnen und dafür eine halbe Stunde früher aufzustehen? Oder nach dem Sport erst dann aus der Umkleidekabine zu kommen, wenn die anderen das erste Bier schon ausgetrunken haben? Wie gesagt, Sie müssen in Ihrem Alter niemandem mehr etwas beweisen, und in modischen Fragen ist es Ihr gutes Recht, allmählich das Bequeme dem guten Aussehen vorzuziehen.

Eine Fremdsprache lernen

Bestimmt kennen Sie folgende Situation: Sie sitzen im Sommer draußen in Ihrem Lieblingseiscafé. Das Rentnerehepaar am Nebentisch studiert den Toskanareiseführer und bestellt, als der Kellner kommt: „Duo Cappuccinos, grazie." Der Kellner gibt sich geschmeichelt, nennt den Herrn „Dottore", aber schon als er sich vom Nachbartisch abwendet, können Sie das hämische Grinsen in seinem Gesicht erkennen …

Warum ab 50 nicht mehr?

Natürlich ist es schön, wenn man auch im Alter noch etwas für sein Gehirn tut und die Völkerverständigung vorantreibt. Doch leider muss man der Wahrheit ins Auge sehen: Die beste Zeit, Fremdsprachen zu erlernen, ist für Sie vorbei. Fällt es einem mit ca. 15 Jahren am leichtesten, geht die Lernkurve danach steil bergab. Warum sich um etwas bemühen, das Sie sowieso nicht mehr überzeugend vollbringen können, wenn Sie nicht Ihre ganze Freizeit dafür opfern? Was nützt es Ihnen, wenn Sie im Urlaub mühsam ein paar Sätze auf Italienisch radebrechen,

wenn Ihnen der freundliche Verkäufer danach sowieso auf Deutsch antwortet, weil es ihm zu mühsam ist, auf Ihr Gestöpsel einzugehen?
Vom Urlaub abgesehen werden Sie vermutlich auch nicht mehr in die Lage kommen, eine neue Fremdsprache zu benötigen. An Ihrem Arbeitsplatz weiß man Ihre Kompetenzen mittlerweile zu schätzen. Man wird Ihnen gerne einen Dolmetscher zur Seite stellen, wenn Verhandlungen mit neuen Geschäftspartnern aus China anstehen, bevor Sie durch die falsche Aussprache einer Silbe die Mutter Ihres Gegenübers beleidigen. Und wenn Sie bisher mit Ihren Sprachkenntnissen durchs Leben gekommen sind, wird das für die nächsten Jahre höchstwahrscheinlich völlig reichen!

Zehn goldene Tipps, um Ihr Leben zu entschleunigen

Die Zeit rast nur so dahin. Haben Sie auch manchmal das Gefühl, dass Ihnen die Zeit davonläuft? Keine Panik: Sie sind erst 50 – Sie haben noch eine ganze Menge Jahre vor sich. Trotzdem sollten Sie Zeit haben, dieses Leben auch zu genießen. Wie Sie Ihr Leben entschleunigen können, verraten Ihnen die folgenden Tipps.

Räumen Sie mit überzogenen Erwartungen auf

Vielleicht erinnern Sie sich noch an die Träume, die Sie als Kind von Ihrer Zukunft hatten. Aller Wahrscheinlichkeit nach sind Sie aber nicht Astronaut, Cowboy oder Detektiv geworden und können heute prima damit leben. Warum also nicht auch mit anderen überzogenen Erwartungen an sich selbst aufräumen?
Perfektionismus ist eine Volkskrankheit. Ja, wirklich! Viele Menschen stehen sich selbst im Weg, weil ihre Erwartungen an sich selbst einfach zu hoch sind. Man muss nicht in allen Belangen der Schönste, Größte und Tollste sein. Überlegen Sie sich einmal, was Sie in Ihrem Leben bisher schon erreicht haben. Das ist ohne Frage eine ganze Menge und das meiste davon haben Sie doch auch gut gemeistert. Also Schluss mit den überzogenen Erwartungen! Oft verdecken diese nämlich den Blick auf das, was momentan wichtig ist, und wir gera-

ten in eine Spirale von unerledigten Dingen und Wünschen. Sprichwörtlich sieht man dann den Wald vor lauter Bäumen nicht.

Warum mit 50?

In dem Alter, in das Sie jetzt kommen, geht vielleicht alles nicht mehr so wie früher: In der Arbeit einen Topjob abliefern, bis acht Uhr abends im Büro bleiben, zu Hause noch die Steuererklärung fertig machen, den Kühlschrank reparieren und Ihren Kindern beim Umzug helfen – das schaffen Sie natürlich noch alles, aber nicht an einem Tag oder schon vorgestern. Niemand ist ein Supersportler, ein brillanter Arbeiter, ein mustergültiger Familienvater, ein perfekter Ehemann und ein unschlagbarer Heimwerker gleichzeitig, schon gar nicht in Ihrem Alter. Das heißt nicht, dass Sie sich nicht anstrengen sollen – natürlich dürfen Sie überall *Ihr* Bestes geben, aber eben Ihr Bestes, nicht das von Superman oder einem anderen Helden mit unerfüllbaren Idealen.

Finden Sie Ihre Sachen wieder

Wann sagt man am häufigsten über einen Mann: „Jetzt wird er aber alt?" Genau, wenn er seine Brille sucht, obwohl er sie auf der Nase hat, oder den Autoschlüssel irgendwo abgelegt hat und ihn nicht mehr findet. Davon abgesehen, dass es natürlich wenig schmeichelhaft ist, als alt und tattrig abgetan zu werden, geht bei der Suche nach den unnötig verlorenen Gegenständen auch eine Menge Zeit flöten, die Sie sich ganz einfach sparen können.

Warum liegt der Autoschlüssel überhaupt im Bad neben dem Waschbecken? Haben Sie ihn dort verwendet? Natürlich nicht. Wählen Sie sich einen Platz – ein Schlüsselbrett, die Kommode im Hausflur oder die Hutablage –, wo Sie den Schlüssel jedes Mal, wenn Sie heimkommen, ablegen. Am besten verwenden Sie dieselbe Stelle auch gleich noch für Ihre Brieftasche, das Handy, die Kaugummis oder was Sie sonst noch brauchen, wenn Sie das Haus verlassen. Wenn Sie die Gegenstände zu Hause verwenden, werden sie gleich wieder an Ihren Platz zurückgelegt. Irgendwann hat sich das bei Ihnen so eingeschliffen, dass es nur noch die Schuld Ihrer Frau sein kann, wenn die Sachen nicht an Ihrem Platz liegen – vielleicht hat sie aus Versehen Ihren Schlüsselbund eingesteckt, als sie aus dem Haus gegangen ist.

Genauso können Sie mit allen anderen Dingen verfahren, die man gern mal verliert. Legen Sie die Brille abends immer an der gleichen Stelle ab, wo sie sofort wieder gefunden werden kann. Nichts ist morgens lästiger, als mit verschlafenen Augen ohne Sehhilfe durch die Wohnung zu stolpern. Statten Sie jedes Zimmer im Haus mit einem funktionierenden Kugelschreiber aus, der dann auch dort bleibt – genauso Ihre verschiedenen Aktentaschen und Jacketts. Nehmen Sie sich mal ein Wochenende Zeit dazu, Ihre Bücher oder CDs nach einem bestimmten Prinzip zu ordnen: alphabetisch, nach Verlagen, nach Erscheinungsjahr oder sogar nach Farben, je nachdem, wie Sie sich am besten orientieren können. Dabei finden Sie außerdem noch die eine oder andere CD, die Sie lange nicht mehr gehört haben, weil sie bei Ihnen schon in Vergessenheit geraten ist. Oder das Buch mit der lasziven Widmung einer Exfreundin, das Sie dann zum Glück vor Ihrer Frau wiederentdeckt haben.

Sicher mögen solche Tipps ein wenig banal klingen, doch Sie werden es sich danken – wenn Sie beim Frühstück ein paar Minuten mehr Zeit haben, den Sportteil zu lesen. Ganz zu schweigen von den garantierten sechs bis acht kleineren Streitigkeiten pro Jahr, die Sie sich und Ihrer Frau so ersparen. Man kennt die Situation ja: Sie sind grantig, weil Sie den Schlüssel nicht finden, Ihre Frau antwortet irgendetwas, das mit „Weil du ja nie …“ beginnt, ein Wort ergibt das nächste – und schon ist man den ganzen Tag lang schlecht aufeinander zu sprechen. Sparen Sie sich auch diese unbehagliche Zeit, es geht ganz leicht!

Warum mit 50?

Leider nimmt die Vergesslichkeit mit dem Alter zu, gut möglich, dass Sie diese Erfahrung schon gemacht haben. Keine Sorge, das ist völlig normal und kein Zeichen dafür, dass Gevatter Alzheimer schon um die Ecke lauert. Das Ärgerlichste daran ist doch die verlorene Zeit, die man dafür aufwenden muss, den verdammten Schlüssel wiederzufinden. Sparen Sie sich diese wertvollen Minuten Ihres Lebens, indem Sie das Zeug gar nicht erst verlieren!

Planen Sie wochenweise

Wie viele Menschen legen Sie sich vielleicht auch für jeden Tag eine To-do-Liste an. Darauf tragen Sie dann an jedem Vorabend fein säuberlich ein, was Sie am nächsten Tag – neben dem Job – erledigen müssen. Auto waschen, Rasen mähen, Getränke holen, zum Frisör gehen und so weiter. Aber unter uns: Erledigen Sie das dann wirklich alles an einem Tag? Wer das schafft, müsste einem fast schon unheimlich sein, beinahe jeder schleppt To-do-Leichen in den nächsten, den übernächsten oder den Sankt-Nimmerleins-Tag mit. Das Blöde daran: Diese nicht erledigten Punkte verfolgen uns dann die ganze Zeit und machen uns ein schlechtes Gewissen. Wenn Sie Ihre Frau nicht permanent dadurch erschrecken wollen, dass Sie nachts schreiend hochfahren, sich an die Stirn schlagen und „Die quietschende Schublade reparieren!" ausrufen: Formulieren Sie Ihre To-do-Liste nicht tages-, sondern wochenweise!

Ob Sie jetzt dienstags oder mittwochs zum Frisör gehen, ist doch egal. Entscheidend ist nur, dass Sie es erledigt haben, bevor Sie das wichtige Gespräch mit dem Chef haben. Überlegen Sie sich am Freitag, ehe Sie ins wohlverdiente Wochenende starten, was in der nächsten Woche alles erledigt werden muss. Der Druck an jedem einzelnen Tag wird dadurch viel geringer, trotzdem schaffen Sie alles in der Zeit. Und Sie haben die Chance, sich freie Nachmittage oder Abende zu verdienen, indem Sie die Liste schon bis zum Mittwoch abgearbeitet haben!

Warum mit 50?

Sie haben jetzt nicht nur die Erfahrung zu wissen, was wirklich wichtig ist und sofort erledigt werden muss oder was noch liegen bleiben kann. Je mehr Jahre Sie rückblickend überschauen, desto leichter fällt es Ihnen auch, in größeren Zeiträumen in die Zukunft zu planen. Und nicht zuletzt: Ihre Stresstoleranz wird auch nicht größer – schieben Sie doch mal was auf die lange Bank!

Entdecken Sie die Langsamkeit

Klar, es gibt viele Dinge, die nun mal sofort und so schnell wie möglich erledigt werden müssen. Das Schreiben, das bis zum Mittag auf dem Tisch des Chefs liegen soll, muss gleich aufgesetzt werden. Wenn es durch das Dach hereinregnet, kann man nicht erst mal eine ruhige Kugel schieben, sondern muss schnell handeln. Geht es aber darum, längerfristige Aufgaben zu erledigen, empfiehlt es sich durchaus, auf seine persönliche, innere Uhr hören.

„Langsamkeit" heißt dabei nicht, dass man sich im Schneckentempo vorwärtsquält oder nach jedem Handgriff eine Kaffeepause einlegt. Es gibt eben Dinge, die man zu einer bestimmten Zeit nach dem eigenen Rhythmus besser erledigen kann als zu einer anderen. Vielleicht brauchen Sie einfach länger, bis Sie morgens in die Gänge kommen, und erledigen dann kurz vor der Mittagspause alles Nötige in der dreifachen Geschwindigkeit wie Ihre Kollegen. Oder Sie sind von Haus aus ein besonders gründlicher Mensch und gehen stetig und mit der nötigen Ruhe vor, kommen dabei aber genauso zufriedenstellend ins Ziel. Schauen Sie sich mal einen Langstreckenlauf an: Manche Läufer sprinten los wie die Feuerwehr und werden nach einiger Zeit langsamer, andere lassen es ganz ruhig angehen und setzen erst am Ende zum Schlussspurt an. Dritte halten vom Start bis zum Ziel das gleiche Tempo – unter Umständen kommen alle drei gleichzeitig an. Entdecken Sie Ihr eigenes Tempo und messen Sie sich nicht an anderen, wenn Sie einmal langsame Etappen dabei haben.

Warum mit 50?

Mittlerweile haben Sie genug Erfahrungen zu Ihrer Arbeitsweise gesammelt, dass Sie wissen, wann es sinnvoll ist, das Tempo anzuziehen, und umgekehrt mal gemütlich zu traben. Sie haben erkannt, dass es zu bestimmten Zeiten in Ihrem Arbeitsablauf einfach nichts bringt, sich hektisch voranzuquälen. Vermeiden Sie Stress, wo nötig, und hören Sie auf sich selbst – Sie werden trotzdem alles schaffen wie gewohnt!

Schränken Sie die Informationsflut ein

Seitdem es das Internet gibt, sind alle erdenklichen Informationen jederzeit abrufbar und drängen sich permanent in unser Leben. Das hat natürlich viele Vorteile, bringt aber auch mit sich, dass uns dort sowohl interessantes als auch völlig unnützes Wissen gleichwertig präsentiert wird. Will man nur eben seinen E-Mail-Account öffnen, erfährt man gleichzeitig, welche „Stars" (von denen man noch nie etwas gehört hat) sich scheiden lassen oder sonstige Skandale verursacht haben oder erhält die interessante Information, dass die Frau mit den meisten Piercings der Welt in Brasilien lebt. Das Schlimme daran ist: Einmal aufgenommen, bleiben diese Sensationen im Gehirn haften und verdrängen vorübergehend wichtigere Informationen – die Konzentrationsfähigkeit leidet erheblich. Das Gleiche gilt natürlich auch für die alteingesessenen Medien: Ist wirklich jede Information aus der „Tagesschau" für uns relevant? Müssen wir aus der Zeitungslektüre mitnehmen, dass der Kleintierzuchtverein aus Sixtnitgern 125-jähriges Vereinsjubiläum hat? Schieben Sie dem einen Riegel vor!

Beschränken Sie sich beim morgendlichen Zeitunglesen auf ein oder zwei Ressorts, die Sie wirklich interessieren. Netter Nebeneffekt: Sie brauchen sich nicht mehr mit Ihrer Frau um die verschiedenen Teile zu streiten – und sie kann Ihnen zugleich die Artikel vorlesen, von denen sie weiß, dass sie für Sie von Interesse sind. Vermeiden Sie zielloses Surfen und Zappen in Internet und Fernsehen. Treffen Sie eine Auswahl von Seiten, die Sie regelmäßig konsultieren, und schauen Sie dann nur diese an! Legen Sie sich die für Sie relevanten Fernsehsender auf die ersten paar Kanäle, den Rest ignorieren Sie einfach! So vermeiden Sie es, dass Sie sich irgendwann heillos im Informationsdschungel verlaufen.

Warum mit 50?

In Ihrem Alter haben sich weiß Gott eine Menge Informationen im Gehirn angesammelt: zum Beispiel 20 000 Fußballergebnisse, 5000 neue Automodelle oder 1200 Schnäppchen im Baumarkt (grobe Schätzung, die jeder statistischen Grundlage entbehrt). Jetzt ist es höchste Zeit, neue Informationen zu filtern. Sie wissen doch mittlerweile, was für Sie wichtig ist und was nicht, gönnen Sie sich also den Luxus, das unwichtige Zeug außen vor zu lassen. Weiterer Vorteil: Was Sie jetzt an Informationen gar nicht erst ins Oberstübchen lassen, können Sie, wenn ihr Gehirn mal abbaut, auch nicht wieder vergessen.

Vereinfachen Sie Abläufe

Egal ob im Büro oder im Alltag zu Hause: Viele Tätigkeiten, die an sich leicht und schnell zu erledigen wären, wachsen zu einem ewig nervenden Hin und Her an, weil ihr konkreter Ablauf von zu vielen Entscheidungsträgern abhängt. Wenn man erst zehn Sitzungsprotokolle durchlesen, absegnen und weiterleiten muss, ehe eine Entscheidung getroffen werden kann, zieht man das Verfahren unnötig in die Länge. Unter Umständen bleiben sogar wichtige Informationen in imaginären „Spam"-Ordnern von Kollegen hängen, weil die gerade im Urlaub, schlecht gelaunt oder von Wichtigerem abgelenkt sind. Genauso zu Hause: Wenn Sie erst drei Mal von der Arbeit aus mit Ihrer Frau hin- und hertelefonieren müssen, was heute Abend eventuell gegessen werden könnte und wer von Ihnen beiden was dazu mitbringt und wann, endet es unter Umständen damit, dass Sie beide mit leerem Magen und schlecht gelaunt zu Bett gehen. Vereinfachen Sie doch diese Abläufe, so gut es geht!

Mit Ihrer Partnerin können Sie zum Beispiel die nötigen Erledigungen klar aufteilen: Eine Woche sind Sie für die Einkäufe zuständig, die andere Woche Ihre Frau. Installieren Sie zum Beispiel eine Tafel in der Küche, auf der jeder gleich aufschreibt, welches Lebensmittel ausgegangen ist oder fehlt. Das spart drei An- und Rückrufe während der Arbeit, ob Sie auf dem Heimweg noch Zucker mitbringen können. Wenn jeder klare Zuständigkeitsbereiche hat, muss man sich auch nicht wegen jeder Besorgung absprechen.

Auch nicht im Büro: Was spricht eigentlich gegen das gute alte „schwarze Brett", an das wichtige Mitteilungen für alle Mitarbeiter gehängt werden? Wenn jeder einmal am Tag draufschaut, bleibt keine zu erledigende Arbeit in der Pipeline hängen. Anstatt zig E-Mails zu schreiben und alle fünf Minuten auf „Aktualisieren" zu klicken, ob der Kollege schon geantwortet hat, rufen Sie ihn doch einfach an – da können Sie vielleicht in 30 Sekunden Gespräch klären, wofür es sonst zehn Mails gebraucht hätte. Wenn Sie ein wenig nachdenken, fallen Ihnen bestimmt noch viele weitere Möglichkeiten ein, wie Sie festgefahrene Abläufe vermeiden können!

Warum mit 50?

Wie Sie sehen, laufen viele solcher Vereinfachungen darauf hinaus, dass „man es doch früher auch immer so gemacht hat". Wer könnte das im Büro besser verkaufen als Sie in Ihrem reifen Alter? Darüber hinaus braucht es einfach eine gewisse Erfahrung mit logistischen Abläufen, um auf Ideen zu kommen, wie man diese vereinfachen kann. Und nicht zuletzt sind Sie doch nun auch zu alt dafür, um sich mit nervigen Verfahrensstaus abzugeben!

Lernen Sie durchzuhalten

Wenn Sie – hoffentlich! – aktiv im Haushalt mithelfen, kennen Sie vielleicht folgende Situationen: Sie saugen die Wohnung von oben bis unten. Bevor das sowieso selten benutzte Gästezimmer an der Reihe ist, bekommen Sie einen Anruf oder eine andere willkommene Ablenkung. Den Staubsauger lassen Sie also davor stehen, das können Sie ja später noch reinigen. Irgendwann gewöhnen Sie sich daran, dass der Staubsauger immer vor dem Gästezimmer steht, wenn Sie zu saugen anfangen. Und dann wundern Sie sich, wenn doch alle Übernachtungsgäste das Taxi nach Hause dem fingerdicken Staub in Ihrem Gästezimmer vorziehen! Das gleiche Spiel, wenn Sie immer nur die Kleidungsstücke von der Wäscheleine holen, die Sie gerade brauchen. Gehen Sie lieber jeden Morgen in den kalten Keller, um sich Ihre frische Unterhose zu holen, als dass Sie mal in zwei zusätzlichen Minuten die ganze Wäsche auf einmal hochbringen?

Es sind nämlich wirklich nur kleinste Zeitabschnitte, die es kosten würde, die Dinge gleich und in einem Schwung zu erledigen. Aber Kleinvieh macht bekanntlich auch Mist, und der Mist ist in diesem Fall, dass Sie irgendwann im Chaos versinken oder Ihre Hilfe im Haushalt das genaue Gegenteil bewirkt. Ihre Frau muss Ihnen dann gleich doppelt hinterherputzen. Lernen Sie das Durchhalten in dem Sinne, dass Sie auch kleine angefangene Arbeiten und Tätigkeiten ordentlich zu Ende bringen. Wenn Sie das Werkzeug nicht wieder aufräumen, nachdem Sie es benutzt haben, brauchen Sie das nächste Mal fünfmal so lange, bis Sie es wiederfinden. Beantworten Sie auch noch die letzte E-Mail in Ihrem Postfach, nachdem Sie schon die ganzen anderen bearbeitet haben – sonst fällt die unter den Tisch. Sie werden sehen, der kurzfristig nervende Zeitaufwand ist in Wahrheit ein Gewinn!

Warum mit 50?

Im Grunde gehen diese Verschleppungstaktiken doch auf die Zeit zurück, in der wir pubertierende Teenager waren, die ihr Zimmer nicht aufräumen wollten. Da wird es wohl höchste Zeit, sich aus solchen Verhaltensmustern zu befreien! Und bedenken Sie: Der Zustand der äußeren Wohnung ist immer auch ein Spiegel Ihres Inneren. In Ihrer inneren Wohnung ist doch mittlerweile auch alles an seinem Platz!

Arbeiten Sie ohne Uhr

Die Uhrzeit ist im Arbeitsalltag überall präsent – an Ihrem Arm, an der Wand im Büro, unten rechts auf Ihrem Monitor. Das ist natürlich hilfreich, wenn man Terminarbeit zu erledigen hat. In diesem Fall sparen Sie sich schon wieder einige Sekunden, indem Sie nur schnell den Blick über den Bildschirm wandern lassen, um Bescheid zu wissen, dass Sie in zehn Minuten fertig sein müssen. In Situationen, wo der Druck eigentlich nicht so groß ist, kann es aber die ständige Zeitangabe sein, die ihn erst aufbaut. Man erschrickt regelrecht, wenn man merkt, dass schon wieder eine halbe Stunde vergangen ist, obwohl man doch nur eben mal länger über einen Satz nachgedacht oder draußen einen Vogel im Baum beobachtet hat. Umgekehrt kann es sein, dass die Zeit gar nicht vergehen will: Sie haben das Gefühl, einen ganzen Berg von Papierkram erledigt zu haben und dass es jetzt also kurz vor Feierabend sein müsste – tatsächlich ist die Mittagspause gerade erst eine halbe Stunde her.

Arbeiten Sie doch mal ohne Uhr, wenn es nicht nötig ist! Die Anzeige am Monitor kann man abschalten oder verstecken, die Armbanduhr in der Schublade ablegen. Sie werden sehen: Ihr eigenes Zeitgefühl gibt Ihnen schon vor, ob Sie effektiv oder trödelig arbeiten. Wenn Sie für unangenehme Arbeiten eher etwas länger brauchen, haben Sie deswegen kein schlechtes Gewissen mehr, Sie wissen es ja gar nicht! Die Zeit holen Sie locker mit Ihren Lieblingsarbeiten wieder rein.

Warum mit 50?

Ihre innere Uhr arbeitet seit 50 Jahren, ohne dass sie aufgezogen wurde – da greifen jetzt alle Zahnräder ineinander und sie nähert sich der Genauigkeit einer Atomuhr an. Nutzen Sie diesen Vorteil, um sich das Arbeitsleben etwas angenehmer zu machen!

Finden Sie Ihren persönlichen Kraftort

Viele Arbeitnehmer sind heute ziemlich deutlich an einen festen Ort gefesselt. Um am Computer zu arbeiten, braucht man keine großflächigen Schreibtische mit viel Arbeitsfläche mehr, es reicht schon ein kleines Örtchen, an dem Bildschirm und Tastatur Platz finden. Man muss nicht einmal mehr zwischendurch aufstehen, um sich Unterlagen aus einer anderen Abteilung zu holen, diese kommen zu einem in Form von Mails und Datensätzen. Trotzdem sollte man sich ab und zu Gedanken machen, ob das auch wirklich immer der richtige Ort ist, an dem man mit voller Kraft arbeiten kann!
„Kraftort“ klingt erst einmal nach Räucherstäbchen und Heilenergien. Sie brauchen aber nicht mit der Wünschelrute herumzulaufen, um Ihren persönlichen Kraftort zu finden. Wenn Ihr Job es Ihnen erlaubt, probieren Sie mal an anderen Orten aus, wie es dort um Ihre Arbeitskraft steht. Schnappen Sie sich den Laptop und bearbeiten Sie die neue Statistik einfach mal woanders: bei schönem Wetter auf der Bank im Innenhof, am Tisch im leeren Konferenzraum oder im benachbarten Café. Jeder Mensch hat eine Umgebung, die für ihn persönlich am besten dazu geeignet ist, seine Höchstleistung zu bringen. Vielleicht genügt es ja auch schon, wenn Sie den Schreibtisch im

Büro mal anders hinstellen. Oder die Steuererklärung zu Hause nicht mehr am Schreibtisch, sondern im Wintergarten abfassen. Wenn Sie sich an Ihrem Kraftort wohlfühlen, sinkt der Arbeitsdruck enorm.

Warum mit 50?

Rechnen Sie mal aus, wie viel Lebenszeit Sie schon in der gleichen Haltung an Ihrem Schreibtisch am Arbeitsplatz verbraucht haben – das ist in Ihrem Alter doch erschreckend viel! Und fragen Sie sich auch, ob es – sofern Sie es sich aussuchen können – nicht andere Orte gibt, an denen Sie besser vorankommen würden. Wenn Sie einen solchen Ort in diesem Lebensjahrzehnt nicht finden, ist es dann kurz vor der Rente vielleicht auch schon zu spät …

Schlafen Sie

Es gibt unzählige Studien und Behauptungen dazu, wie viel und wie oft ein Mensch schlafen sollte. Napoleon und Churchill benötigten angeblich nur vier Stunden Schlaf, Goethe derer zehn (was auch an seinem recht ausufernden Weinkonsum gelegen haben mag). Thomas Edison und Leonardo da Vinci schworen angeblich darauf, mehrmals in 24 Stunden ein Nickerchen zu machen, anstatt sich ausgiebig hinzulegen. Offensichtlich ist das Schlafbedürfnis bei jedem Menschen individuell unterschiedlich – entscheidend ist, um es mit Helmut Kohl zu sagen (über dessen Schlafverhalten nichts bekannt ist), was hinten rauskommt.

Manche Leute gehen gerne früh ins Bett und stehen ebenso früh wieder auf, andere sind richtige Nachteulen, die am liebsten um 3:00 Uhr nachts noch arbeiten und bis mittags schlafen möchten. Manche brauchen ein Mittagsschläfchen, andere nicht. Die durchschnittliche Schlafenszeit liegt bei ca. sieben Stunden – wenn es dauerhaft über zwei Stunden weniger oder drei Stunden mehr sind, könnte es ungesund werden. Finden Sie Ihr individuelles Schlafbedürfnis heraus und setzen Sie es im Rahmen der gegebenen Möglichkeiten um! Immer noch unterschätzen wir die Bedeutung eines ausgewogenen Schlafverhaltens. Wenn Sie dann nicht mehr zwei Minuten nach der „Tagesschau" im Sessel losschnarchen, sondern den Abend genießen können, wissen Sie, wofür es gut war.

Warum mit 50?

Wie gesagt: Napoleon meinte, mit vier Stunden Schlaf pro Tag auszukommen – wurde aber auch nur 51 Jahre alt! Seien Sie in Ihrem Alter nicht mehr so töricht, unzureichenden Schlaf als Zeichen für männliche Leistungsfähigkeit anzusehen. Sie haben schon alle möglichen Varianten zwischen durchgemachten Nächten und verschlafenen Wochenenden erlebt und wissen jetzt, was gut für Sie ist. Außerdem: Wenn Sie über 50 sind, lacht auch niemand mehr darüber, wenn Sie sich mittags nach dem Essen ein halbes Stündchen hinlegen. Auch ein solches Nickerchen kann die Leistungsfähigkeit und das Wohlbefinden erheblich steigern!

Zehn Dinge, die Mann gegessen oder getrunken haben sollte

Vergessen Sie Sterneköche und den Guide Michelin – hier kommt die wahre Liste der Dinge, die ein Mann einmal in seinem Leben essen oder trinken sollte. Und wenn es Ihnen schmeckt, gerne auch öfter!

Einen selbst gefangenen Fisch

Egal, ob Sie zum Lachsfischen nach Norwegen fahren oder im heimischen Fischerweiher die Angelrute ins Wasser baumeln lassen: Der erste selbst gefangene Fisch erfüllt Sie nicht nur mit großem männlichen Stolz, sondern schmeckt auch noch besser als der teuerste Fisch im Nobelrestaurant. Nie werde ich vergessen, wie mein Vater im Schwedenurlaub seinen ersten Hecht aus dem See vor unserem rot-weißen Ferienhaus zog und die geschichtsträchtigen Worte „Gummihandschuhe, Wassereimer, Fotoapparat" in die Wälder Smålands rief. Genauso wenig werde ich vergessen, wie er feierlich den mittlerweile gegrillten Fisch anschnitt und sich jeden Bissen genüsslich auf der Zunge zergehen ließ. Wir Kinder durften leider nur zusehen (mal ganz abgesehen davon, dass von dem armen Fischlein sowieso keine vierköpfige Familie satt geworden wäre).
Das einzige Problem, das ein solcher selbst gefangener Fisch mit sich bringt, ist, dass Sie ihn auch selbst um die Ecke bringen und ausnehmen müssen. Der dringende Wunsch meines

Vaters nach Gummihandschuhen kam also nicht von ungefähr. Doch ansonsten ist der Genuss eines selbst gefangenen Fisches eine Erfahrung, die jeder Mann einmal gemacht haben sollte. Nun sind Sie wirklich Ernährer und Versorger, der das Essen auf den Tisch bringt. Und der angenehme Nebeneffekt: Wer stundenlang mit der Angelrute am Seeufer sitzt, entschleunigt und entspannt dabei gleichzeitig.

Warum mit 50?

Weil Sie mit 50 auch die Risiken des Angelns nicht scheuen. „Wie bitte: Risiken beim Angeln?", höre ich Sie jetzt fragen, „jetzt fehlt nur noch, dass Sie Golf als Extremsport bezeichnen!" Ja, das Angeln birgt auch Gefahren: Mal ganz abgesehen davon, dass Angelhaken auch im eigenen Rücken landen können, wenn Sie beim Auswerfen zu weit ausholen, sollten Sie besonders vorsichtig sein, wenn Sie in tropischen Gewässern fischen. Falls Sie nämlich rein zufällig einen Kugelfisch aus dem Wasser ziehen, sollten Sie ihn lieber zurückwerfen oder ausstopfen, aber keinesfalls essen, denn es könnte sich sonst um einen wirklich einmaligen Genuss handeln …

Etwas Ekliges

Keine Angst, wir wollen Sie nicht ins „Dschungelcamp" schicken und zum Genuss von Känguruhoden animieren – so was isst schließlich auch in Australien kein Mensch freiwillig. Stattdessen geht es hier um Dinge, die in anderen Ländern als Delikatessen gelten, bei uns aber eher Ekel und Abscheu erwecken.

Um in Australien zu bleiben: Die Witchetty-Maden (englisch „witchetty grubs") sind bis zu 7 cm lange Larven von Holzbohrern und können roh oder gegrillt gegessen werden. Da sie sehr eiweißreich sind, waren sie ein wichtiges Nahrungsmittel der australischen Ureinwohner. Sie schmecken ähnlich wie Mandeln und wenn sie gegrillt werden, wird ihre Haut knusprig wie bei einem Brathähnchen. In China können Sie Schwalbennestersuppe – eine teure Köstlichkeit aus dem essbaren Speichel eines Vogels namens Weißnestsalangane – verzehren, auf kambodschanischen Märkten verlocken Platten mit frittierten Vogelspinnen und in Afrika kommen Heuschrecken gebraten, geröstet, gekocht oder getrocknet auf den Tisch. Um „eklige" Dinge zu essen, müssen Sie aber keine Fernreise unternehmen. Ein Ausflug zu unseren europäischen Nachbarn reicht schon. Das schottische Nationalgericht zum Beispiel ist Haggis: Schafsinnereien, vermischt mit Hafermehl, Nierenfett und Zwiebeln und gekocht in einem Schafsdarm. In Frankreich finden Sie Schnecken (escargot) oder Froschschenkel (cuisses de grenouille) auf der Speisekarte. Und das Pferdemädchen in Ihrer Frau oder Freundin würde ganz sicher auch vor Pferdefleisch (viande de cheval) zurückschrecken.
Ob Sie den „Genuss" von Maden, Spinnen & Co. als eklig empfinden, hängt größtenteils von Ihrer Einstellung ab. Würde man Ihnen die Augen verbinden und Ihnen nicht sagen, was Sie da essen, dann wäre es vermutlich halb so schlimm.

Warum mit 50?

Siehe voriger Punkt: Risiko und so, Sie wissen schon. Mit 50 lässt man es zwar langsam etwas ruhiger angehen, aber ab und zu traut man sich noch etwas. Und wenn es nur darum geht, etwas Ekliges zu essen. Giftig und ungesund kann es ja nicht sein – denn es soll ja Menschen geben, die so etwas gerne essen.

Ein exotisches Tier

Nein, nein, Sie müssen nicht gegen das Artenschutzgesetz verstoßen und einen der letzten Tiger verspeisen. Für viele Mitteleuropäer gilt ja schon ein Tier als exotisch, das nicht in Massen nur für den Verzehr gezüchtet wird. Ein Wildschwein zum Beispiel. Oder ein Elch. Ein bisschen exotischer wollen wir es aber schon haben. Wie wäre es mal mit etwas Australischem? Nein, wir meinen jetzt nicht die Witchetty-Maden von eben, sondern etwas typisch Australisches. So australisch, wie es nicht australischer sein kann. Auch nicht Kylie Minogue – wir reden von einem Känguru.
Kängurufleisch ist nämlich sehr gesund, da es nur wenig Fett enthält. Auch werden in Australien keine Kängurus für den Verzehr gezüchtet, sondern sie leben wild in freier Natur. Da sie sich in manchen Gegenden zu einer wahren Landplage entwickelt haben, darf jährlich eine bestimmte Zahl erlegt werden, und deren Fleisch geht hauptsächlich in den Export, vor allem nach Europa. Die Australier selbst stehen dem Kängurufleisch nämlich eher misstrauisch gegenüber. Für sie gilt es als minderwertiges „bush food", von dem sich die ersten Siedler und die Aborigines ernährten. Bei einem kultivierten Aussie (böse Zungen behaupten ja, so etwas gebe es gar nicht) landet dagegen lieber Lamm oder Rindfleisch auf dem Barbecue. Neben den hüpfenden Beuteltieren bietet Australien übrigens noch andere interessante Gaumenfreuden: Krokodil, Emu und

Kamelfleisch zum Beispiel. Und wenn Sie jetzt argumentieren, dass Sie keine 1.500 Euro für einen Flug nach Sydney ausgeben wollen, nur um einmal ein Känguru zu probieren, das dann am Ende noch zäh wie Leder schmeckt, dann sei Ihnen gesagt: Australische Pubs und Restaurants gibt es in fast jeder deutschen Großstadt. Die „Outland Bar“ in München hat zum Beispiel Känguru, Emu und Krokodil auf der Speisekarte stehen – worauf warten Sie also noch?

Warum mit 50?

Ich könnte jetzt ja schon wieder mit dem Thema „Risiko“ ankommen, aber was soll an einem Känguru oder Kamel schon riskant sein? Deshalb zitiere ich jetzt mal das alte Sprichwort „Was der Bauer nicht kennt, frisst er nicht.“ Und Sie sind doch schließlich ein kultivierter Mensch und kein Bauer, oder? (Was natürlich keinesfalls eine Beleidigung gegen unsere Landwirte sein soll. Auch Bauern können nicht nur kultivieren, sondern auch kultiviert sein.)

Eine extrem scharfe Chilischote

Scharf, schärfer, am schärfsten: Wollen Sie wissen, woran man einen echten Mann erkennt? Daran dass er eine mega-scharfe Chilischote essen kann, ohne zu explodieren oder einen Herzinfarkt zu bekommen. Scharf ist nicht gleich scharf. Für den einen ist schon ein „mildes“ Gericht beim Thailänder zu viel, der andere würzt dagegen seine Currywurst noch nach. Es gibt eine objektive Maßeinheit für Schärfe, die sogenannte Scoville-Skala. In Einheiten von 0 bis 10 wird hier die Schärfe von Chi-

lis & Co. gemessen. Einen Schärfegrad von 0 (mild) hat hier zum Beispiel eine Gemüse- oder Tomatenpaprika, eine Peperoni oder Peperoncini (mild bis mittelscharf) bringt es ebenfalls nur auf den Schärfegrad 1. Die bekannte Jalapeño liegt bei Schärfegrad 6–7 (sehr scharf). Am oberen Ende mit einem Schärfegrad von 10 liegen Habanero, Scotch Bonnet, Datil und Bird Eye. Es kommt jedoch noch schlimmer: Die Scoville-Skala geht zwar nur bis 10, doch es gibt sogar noch Chilischoten, die diese Skala sprengen. So legendär ist ihre Schärfe, dass sie lediglich mit der etwas nebulösen Beschreibung „Schärfegrad über 10" beschrieben werden. Auch „megascharf" oder „Scheiße, was ist das denn für ein Teufelszeug" genannt. Und wie heißt das Teufelszeug? Jaga oder Nolokia zum Beispiel.
Immer wieder gibt es auch Wettbewerbe, die Menschen dazu auffordern, so viele scharfe Chilischoten wie möglich in möglichst kurzer Zeit zu verzehren. Wer die körperlichen Wirkungen von zu scharfem Essen kennt, wird sich dabei eine Frage stellen: Kann man eigentlich auch sterben, wenn man zu viel Chili isst? Hier können wir Sie beruhigen, denn Forschungen haben ergeben, dass ein 80 Kilogramm schwerer Mann etwa zehn Kilogramm frische Habaneros zu sich nehmen müsste, um einen tödlichen Schock zu erleiden – und das dürfte zum Glück niemandem gelingen. Mit anderen Worten: Auf Ihre Gesundheit können Sie sich nicht berufen, wenn Sie sich vor dem Verzehr einer extrem scharfen Chilischote drücken wollen …

Warum mit 50?

Nur ein Wort: Risiko! Sie sind doch kein Feigling und werden vor einer winzigen Chilischote kneifen? Eben!

Einen Wein, der teurer ist als das Hauptgericht

Es soll Menschen geben, die kaufen ihren Wein ausschließlich bei Aldi. Oder auch an der Tanke um die Ecke. Schlecht muss dieser Wein nicht zwangsweise sein – aber es gibt auch richtig gute Weine. Und vor allem auch teure. Wirft man zum Beispiel einen Blick in den Onlineshop von Feinkost Käfer in München, so findet man dort einen „2010 Gaja & Rey“ für schlappe 195 Euro pro 0,75 Liter. Wer lieber Rotwein mag, kann es mit einem 2003 Château Clos Fourtet für 79 Euro probieren.
So tief müssen Sie aber gar nicht in die Tasche greifen – ich will ja nicht, dass Sie sich an Ihrem 50. Geburtstag finanziell ruinieren. Sie sollen nur einmal einen Wein trinken, der mehr kostet als das Hauptgericht. Wenn Sie also bei McDonalds essen, können Sie ruhig weiter die Plörre von der Tanke trinken. Im Restaurant empfehle ich Ihnen zum Beispiel einen 2010er Lugana Cà dei Frati aus Venetien (Weißwein) oder einen 2008er Tempranillo Campo di Dulcinea aus Spanien (Rotwein mit Aromen von Kirschen). Und den schütten Sie dann nicht einfach so hinunter, sondern genießen ihn!
Übrigens: Wein eignet sich auch zur Geldanlage und ist beim Smalltalk sicherlich interessanter als Immobilien oder Gold. Bereits innerhalb eines Jahres kann ein edler Tropfen zehn bis 15 Prozent Rendite bringen. Ein bisschen etwas von Wein verstehen sollten Sie dann aber schon. Geeignet sind hier zum Beispiel junge Weine, am besten Bordeaux, mit einem Kaufpreis von 75 bis 300 Euro. Außerdem sollten Weine für die Kapitalanlage mindestens 80 Punkte von Weinpapst Robert Parker erhalten haben. Sie müssen den wertvollen Rebensaft richtig lagern, damit es nicht zu Qualitätseinbußen kommt: dunkel, bei konstanter Luftfeuchtigkeit und bei etwa zehn Grad Raum-

temperatur. Und wenn es Sie nach einem edlen Tropfen gelüstet, dann können Sie diesen Wein natürlich auch trinken.

Warum mit 50?

Weil Sie ja vorher schon gelesen haben, dass Sie mit 50 zu alt sind, um weiterhin schlechten Wein zu trinken. Irgendwann müssen Sie ja anfangen, die richtig edlen Tropfen zu genießen. Ach ja, und noch was: Wer teuren Wein trinkt, läuft auch nicht Gefahr, zu tief ins Glas zu schauen – hier wägt man sorgfältig ab, ob man sich noch ein Gläschen leisten kann.

Ein selbst gekochtes Gericht

Ich sehe Sie jetzt schon in die Küche laufen und zu „Spaghetti Miracoli" greifen. Aber das zählt nicht! Und auch nicht die Tiefkühlpizza oder alles, was in die Mikrowelle wandert. Nein, ich rede hier vom richtigen Kochen. Dem Kochen, bei dem Sie selbst die Zutaten einkaufen, das Gemüse klein schnippeln, ein paar Töpfe auf den Herd stellen und ein richtiges Mahl zubereiten. Wenn Sie gerade Single sind, dann höre ich schon Ihren Einwand: „Aber für mich allein lohnt sich das doch gar nicht!" Na, hören Sie mal! Sie sind Single – wenn Sie nicht für sich kochen, wer denn dann? Ihr Mutter etwa? Sind Sie sich etwa keine leckere und gesunde (na ja, gesünder als Tiefkühlpizza allemal) Mahlzeit wert?
Anregungen und Tipps bekommen Sie in Kochbüchern. Und da gibt es auch welche für richtig harte Kerle, so wie Sie. Das „Männerkochbuch" von Dr. Oetker zum Beispiel. Und wenn Sie lieber grillen wollen, finden Sie in „Weber's Grillbibel"

sicherlich die eine oder andere Idee. Womit wir schon beim nächsten Punkt wären: Noch mehr Spaß macht Kochen, wenn Sie jemanden bekochen. Ihre Partnerin wird Bauklötze staunen, wenn Sie sie mit einer selbst gekochten Mahlzeit verwöhnen. Und auch Ihre Kumpels werden sich freuen, wenn Sie sie zu einem Grillabend einladen, bei dem Sie nicht nur das Fleisch auf den Grill werfen, sondern auch noch die eine oder andere Beilage selbst gemacht haben (die übrigen Beilagen können auch Ihre Kumpels mitbringen).

Warum mit 50?

Weil eigentlich jeder kochen können sollte. Denn auch wenn bei Ihnen normalerweise Ihre Partnerin oder Frau kocht, kann es vorkommen, dass Sie einmal selbst am Herd stehen müssen. Weil Ihre Frau krank oder mit dem Briefträger auf Mallorca ist zum Beispiel. Und dann wollen Sie doch nicht bei Ihrer Schwester anrufen und fragen: „Kann ich heute zu dir zum Essen kommen?"

Eine mit viel Liebe gekochte Mahlzeit

Schon haben wir einen beinahe mühelosen Übergang zum nächsten Thema. Wenn Sie nämlich für Ihre Partnerin kochen, dann bereiten Sie die Mahlzeit höchstwahrscheinlich mit viel Liebe zu. Oder mit viel Groll, weil Ihre Partnerin Ihnen an den Kopf geknallt hat: „Immer willst du dein blödes Steak! Brat's doch selber, wenn es dir so wichtig ist!" Aber daran wollen wir jetzt erst mal nicht denken.

Vielleicht haben Sie ja schon einmal erlebt, dass jemand ein Essen ganz speziell für Sie gekocht hat. Und ich rede jetzt nicht von Ihrer Mutter, die selbstverständlich Ihre Leibspeise parat hält, wenn Sie sonntags mal vorbeikommen. Ich rede jetzt von einer ganz besonderen Frau. Sie hat zu Ihnen gesagt: „Komm doch am Sonntagabend zu mir zum Essen, ich koche uns etwas Schönes. Was magst du denn besonders gerne?“ Und als sie dann bei ihr vor der Tür standen, nervös wie ein kleiner Schuljunge, es aus der Wohnung verführerisch duftete und eine noch verführerische Frau die Tür öffnete – da war es schon um sie geschehen, noch bevor Sie auch nur einen Bissen zu sich genommen hatten. Und als es dann so weit war (das Essen!), waren Sie überzeugt, dass Sie noch nie im Leben etwas so Gutes gegessen haben. Prompt haben Sie diese Frau geheiratet oder waren zumindest sehr lange mit ihr zusammen. Liebe geht eben doch durch den Magen!

Warum mit 50?

Diese Erfahrung sollte jeder einmal gemacht haben: egal, ob mit 20, mit 30, mit 40 oder erst mit 50. Denn eine Mahlzeit, die mit Liebe gekocht wurde, schmeckt einfach am allerbesten. Da spielt es keine Rolle, ob es sich bei dieser Mahlzeit um Spaghetti Miracoli oder ein Dreigängemenü nach Alfons Schuhbeck handelt. Vielleicht kann die Liebe Ihres Lebens aber auch nicht kochen? Dann rate ich Ihnen natürlich nicht, sich fremdbekochen zu lassen – aber es gibt ja immer noch Mutti. Und deren Mahlzeiten sind garantiert immer mit viel Liebe zum Sohnemann gekocht.

Kaviar

An Kaviar scheiden sich die Geister. Manche sagen, der schwarze Rogen verschiedener Störarten schmecke nach gar nichts und sei das ganze Tamtam, das um ihn gemacht wird, gar nicht wert. Das sind meistens auch diejenigen, die sich echten Kaviar ohnehin nicht leisten können und daher gar nicht wissen, wovon sie eigentlich reden. Andere wiederum tönen: „Ach, für einen feinen Belugakaviar lasse ich alles liegen und stehen." Was diese Leute eigentlich meinen: „Ich bin stinkreich und kann mir leisten, einen Haufen Kohle für nach nichts schmeckende schwarze Kügelchen auszugeben." Aber so was gehört sich nicht und so singen sie lieber Loblieder auf die Fischeier.

Tatsächlich ist echter Kaviar teuer, sehr teuer. Für eine 50-Gramm-Dose Belugakaviar können schon einmal 150 Euro fällig werden, das macht einen Kilopreis von stolzen 3.000 Euro. Internetrecherchen ergaben sogar Preise bis zu 7.300 Euro für ein Kilo Belugakaviar. Und jetzt stellen Sie sich mal vor, Sie feiern ein großes Familienfest, zu dem sich die ganze Verwandtschaft inklusive Onkel Horst, der immer das ganze Büfett leer futtert, angesagt hat!

Schlimmer geht's allerdings nimmer, denn der Belugakaviar ist der exklusivste und teuerste unter den Kaviarsorten. Er stammt von Europäischen Hausen (Huso huso), auch Belugastör genannt, der im Schwarzen und Kaspischen Meer zu Hause ist. Er gilt allerdings als vom Aussterben bedroht, was die Preise für seinen Rogen weiter in die Höhe treiben dürfte. Und die oberen Zehntausend vor das schwierige Problem stellten könnte: „Was soll ich denn jetzt bloß essen? Osietrakaviar etwa? Das billige Zeug gibt's jetzt doch schon für 175 Euro die 125-Gramm-Dose! Da kann ich ja gleich zu Aldi gehen!"

Warum mit 50?

Auf jeden Fall sollten Sie einmal in Ihrem Leben diesen edlen Rogen essen, damit Sie auf die Frage nach Kaviar nicht mehr sagen müssen: „Hab ich noch nie gegessen, kann ich nix zu sagen." Nein, jetzt können Sie endlich mitreden! Wenn Sie zu dem Schluss kommen, dass Kaviar nach gar nichts schmeckt und das ganze Tamtam, das um ihn gemacht wird, gar nicht wert ist, dann wissen Sie wenigstens, wovon Sie reden. Das kann Ihnen niemand mehr nehmen. Und irgendwann können Sie dann mal Ihren Enkeln erzählen: „Mensch, ich hab mal 150 Euro für so blöde Fischeier ausgegeben, die nach gar nichts schmecken. So blöd war ich in meiner Jugend!"

Eine Frucht, die Sie nicht kennen

Gehen Sie doch mal in Berlin in die Lebensmittelabteilung des KaDeWe, in München auf den Viktualienmarkt, in Köln zu Früchte Heep, in Frankfurt in die Kleinmarkthalle oder in Hamburg ins Fruchthaus Tropica. Ganz sicher entdecken Sie dort die eine oder andere Frucht, die Sie noch nie in Ihrem Leben gesehen haben. Und genau von diesen Früchten kaufen Sie jetzt eine. Ja, ja, ich weiß: Das ist nicht politisch korrekt, die Früchte haben eine weite Anreise aus Thailand, Vietnam oder Brasilien hinter sich und belasten die CO_2-Bilanz unseres Planeten erheblich. Aber Sie sollen ja nicht jeden Tag so eine Frucht kaufen, sondern nur einmal.

Von einem guten Händler bekommen Sie vielleicht noch ein Infoblatt mit, das Ihnen sagt, woher Ihre Frucht kommt und vor allem: wie Sie diese Frucht essen. Wie bekommen Sie sie auf? Müssen Sie die Frucht schälen? Sind Kerne drin? Ist irgendwas an der Frucht giftig? Natürlich können Sie Ihren Händler auch fragen oder die Informationen googeln, doch dazu müssen Sie erst mal wissen, wie die Frucht heißt. Früchte, die Ihnen hier begegnen, könnten zum Beispiel sein: Pitahaya (auch Drachenfrucht, Frucht einer Kakteenart, aus Kolumbien, Nicaragua, Vietnam, mit süßem Fruchtfleisch und essbaren Kernen), Mangostane (Thailand, schmeckt wie eine Mischung aus Pfirsich, Weintrauben, Ananas, Aprikose und Orange, enthält viel Vitamin C), Rambutan (Asien, sieht aus wie eine haarige Litschi und schmeckt ähnlich wie Weintrauben) oder Jackfruit (wird in allen tropischen Regionen angebaut, sehr groß). Nur etwas für Mutige ist die Durian, die es allerdings eher selten in europäische Geschäfte schafft. Diese aus Südostasien stammende Frucht wird nämlich aus gutem Grund auch „Stinkfrucht“ oder „Käsefrucht“ genannt. Ihr Fruchtfleisch schmeckt zwar süß, doch kommen die meisten Europäer nie in diesen Genuss, da ihnen der intensive Geruch (na ja, „Gestank“ wäre passender) der Frucht den Appetit verdirbt. Aus diesem Grund darf man in Singapur die Durian nicht mit in die U-Bahn nehmen und auch in Hotels ist sie verpönt. Da der Geruch nur sehr schwer wieder zu vertreiben ist, müssen Gäste, die das „No Durian“-Schild ignorieren, ihr Zimmer für eine weitere Woche nach dem Durian-Festmahl bezahlen. Da kann der Preis für eine Durian ja schnell dem Kaviar Konkurrenz machen!

Warum mit 50?

Probieren Sie jetzt eine unbekannte Frucht, denn mit 50 haben Sie noch Mut zum Risiko und trauen sich, etwas zu essen, von dem Sie nicht wissen, wie Sie es essen, wie es schmeckt und was es mit Ihrer Verdauung macht. Und gesund ist es auch noch! Also ran an das Früchtchen!

Absichtlich etwas komplett Ungesundes

Tag für Tag bekommen wir zu hören, dass wir uns komplett ungesund ernähren: Zu süß, zu fett, zu viel – so könnte man unsere Ernährungssünden kurz und knapp zusammenfassen. Mittlerweile wissen wir aber auch, wie wir uns gesund ernähren können, welche Speisen gut für uns sind und welche weniger gut. Und wir versuchen auch, uns ausgewogen und gesund zu ernähren: am Abend eben nur ein Bierchen und nicht zwei oder fünf, in der Kantine nicht immer nur das Fleischgericht, sondern auch mal Gemüse. Und wir betrachten den Salat nicht mehr als Dekoelement, sondern essen ihn mit. Trotzdem haben wir ab und zu einmal Lust auf etwas absolut Ungesundes.
Im Fußballstadion zum Beispiel muss es einfach die Currywurst oder der Hotdog sein. Stellen Sie sich nur mal vor, wie entsetzt Ihr Nachbar in der Fankurve schauen würde, wenn Sie in der Halbzeitpause eine Tupperdose mit Salat oder Obst auspacken würden! Und an manchen Tagen muss es in der Kantine eben unbedingt der Schweinebraten mit Knödel sein, auch wenn Sie genau wissen, dass Sie nach einem so schweren Essen eigentlich reif für den Mittagsschlaf sind. Manchmal können wir auch an McDonalds & Co. einfach nicht vorbeigehen, sondern reihen uns ein zwischen den kreischenden Schülern und

ziehen uns mit großem Genuss einen Hamburger rein. Und ich sage jetzt: Machen Sie das! Genießen Sie den Hamburger! Lassen Sie sich Ihre Currywurst schmecken! Und trinken Sie nach dem Schweinebraten einen besonders starken Kaffee, damit Sie in der Besprechung nicht einschlafen!
Ab und zu – aber nur ab und zu – sollten Sie absichtlich etwas komplett Ungesundes essen, und zwar ohne schlechtes Gewissen. Denn wenn Sie etwas selten bekommen, können Sie es umso mehr genießen und sich richtig darauf freuen!

Warum mit 50?

Weil Sie mit 50 genau wissen, dass eine Currywurst kein Gericht für jeden Tag ist und sie deshalb auch richtig genießen können. Sie sündigen bewusst und können dann am nächsten Tag wieder vernünftig sein. Mit 20 oder 30, ja, sogar noch mit 40, ist uns unsere Ernährung oft noch egal und erst wenn unsere Sünden Spuren an unserem Körper hinterlassen, kommen wir auf die Idee, etwas an unseren Essgewohnheiten zu ändern. Aber mit 50 – da wissen wir, wie viel uns eine gute Currywurst wert ist!

Zehn Gründe, warum Mann mit 50 in der Blüte seiner Jahre ist

Sie glauben, Ihre besten Jahre liegen schon hinter Ihnen? Nie mehr werden Sie es so schön haben wie mit 20, 30, 40, 49? So ein Quatsch! 50 ist das neue 40, wenn nicht gar das neue 35! Mit 50 sind Sie überhaupt erst in der Blüte Ihrer Jahre – und ich sage Ihnen jetzt auch, warum.

Sie sind beruflich etabliert und können nun das Leben genießen

Ich weiß nicht, ob Sie studiert haben oder ob Sie eine Ausbildung gemacht haben. Und ich weiß natürlich auch nicht, welchen Beruf Sie haben. Aber eines weiß ich: Sie sind mit 50 ganz gewiss kein Berufsanfänger mehr. Selbst wenn Sie sich im Studium Zeit gelassen haben, haben Sie schon mindestens zwanzig Berufsjahre hinter sich. Vielleicht haben Sie die Stelle ja auch ein paar Mal gewechselt, weil Sie noch nicht die Position erreicht hatten, die Sie gerne haben wollen. Vielleicht sind Sie ja auch ein paar Sprossen auf der Karriereleiter hinaufgeklettert. Auf jeden Fall sind Sie kein blutiger Anfänger mehr und müssen nicht mehr jeden Tag beweisen, dass Sie Ihrer Aufgabe auch gewachsen sind. Stattdessen haben Sie nun einen gewissen Status erreicht und können auch einmal durchatmen. Ihr Arbeitgeber weiß, wie gut Sie sind und was er an Ihnen hat.

Und Sie haben es immer öfter mit echten „Neulingen“ zu tun, die frisch von der Uni oder frisch aus der Ausbildung kommen und die Sie nun erst einmal einarbeiten müssen. Sie dagegen sind schon ein richtiger alter Hase auf Ihrem Arbeitsgebiet.

Das gibt Ihnen eine bestimmte Sicherheit mit, denn Ihre Firma kann es sich nicht so ohne Weiteres leisten, auf einen Mitarbeiter mit Ihrer Erfahrung zu verzichten. Trotzdem sollten Sie deshalb nicht selbstgefällig oder arrogant werden, denn Hochmut kommt bekanntlich vor dem Fall. Freuen Sie sich darüber, was Sie bereits erreicht haben, genießen Sie es. Bleiben Sie aber trotzdem offen für Neues und bilden Sie sich regelmäßig weiter, damit Ihnen niemand Ihre Position so schnell streitig machen kann. Vielleicht streben Sie auch noch eine Führungsposition an – dann ist nun allerdings die Zeit, in der Sie viel Aufmerksamkeit in Ihre Karriere investieren müssen. Machen Sie sich aber auch klar, auf was Sie dafür verzichten müssen – nämlich auf Zeit mit Ihrer Partnerin oder mit Ihren Kindern.

Egal, ob Sie noch weiter nach oben streben oder mit der Stelle, die Sie haben, zufrieden sind – eines ist mit 50 klar: Die Zeit des Ausprobierens ist vorbei. Sie wissen, wo Sie hinwollen und wie Sie dort hinkommen. Und Sie wissen, dass Arbeit nicht alles im Leben ist. Ich will Ihnen hier nicht sagen, dass Sie sich nun auf Ihren Lorbeeren ausruhen sollen. Sie sollen nur ab und zu einmal innehalten und das Leben auch genießen. Denn Ihre Tochter wird nur einmal eingeschult und Ihr Sohn freut sich, wenn Sie dabei sind, wenn er das entscheidende Tor schießt. Sie sind 50, Sie müssen sich beruflich nicht mehr jeden Tag aufs Neue beweisen – auch deshalb sind Sie jetzt in der Blüte Ihrer Jahre.

Sie müssen sich und anderen nichts mehr beweisen

Ihre Partnerin weiß, was Sie an Ihnen hat, Ihre Kinder wissen, dass Sie immer für sie da sein werden, und auch Ihre Freunde wissen Sie zu schätzen – mit all Ihren Eigenheiten. Diese Menschen nehmen Sie so, wie Sie nun einmal sind (vom einen oder anderen Streit über den hochgeklappten Toilettensitz einmal abgesehen). Sie müssen Ihrer Partnerin nicht mehr jede Wochen Blumen schenken – Sie weiß auch so, dass Sie sie lieben. (Aber – so haben mir einige Frauen verraten – über einen gelegentlichen Blumenstrauß, einfach so, ohne speziellen Anlass, wird sie sich trotzdem freuen.) Und auch Ihre Freunde haben gelernt, dass sie sich auf Sie verlassen können, und mögen Sie nicht weniger, wenn Sie einmal nicht als Erster „Hier“ rufen, wenn Andreas umzieht und jemanden braucht, der ihm beim Möbelschleppen hilft.

Sie müssen den Menschen in Ihrem Umfeld nichts mehr beweisen, denn Ihre Familie und Ihre Freunde wissen, was sie an Ihnen haben. Und dann gibt es noch einen Menschen, der Sie vielleicht noch viel kritischer beäugt als Ihr gesamter Freundeskreis, Ihre Frau und Ihre Kinder. Wer das sein soll? Nein – es ist nicht der Schwiegervater oder die Schwiegermutter. Es sind Sie selbst. Denn auch wir selbst setzen uns oft gewaltig unter Druck: „Ich muss im Job ganz nach oben kommen, ich muss der beste Liebhaber aller Zeiten sein, der beste Ehemann und Vater sowieso und am Wochenende will ich auch noch den Halbmarathon laufen.“ So oder so ähnlich sehen unsere Ansprüche an uns selbst in jungen Jahren aus. Und mit 50 müssen Sie eben auch sich selbst nichts mehr beweisen: Sie wissen,

was Sie können und was Sie nicht können. Und wenn Ihnen Laufen keinen Spaß macht, dann wissen Sie ganz genau, dass Sie den Halbmarathon am Wochenende eben nicht mitlaufen werden.
Sie müssen sich nichts mehr beweisen, sondern akzeptieren sich so, wie Sie sind. Und andere tun das genauso. Für Sie bedeutet das: Sie müssen Ihre Zeit nun nicht mehr mit sinnlosen Aktionen wie einem 24-Stunden-Trip zum Gardasee verschwenden, nur um aller Welt zu zeigen, was Sie doch für ein cooler Hecht sind, und ja so spontan! „Für eine gute Tasse Cappuccino tu ich eben alles!" – ha, ha. Stattdessen sitzen Sie gemütlich auf Ihrem Balkon, werfen die Espressomaschine an und genießen es, sich jetzt nicht im Stop-and-Go-Verkehr über die Alpen quälen zu müssen. Und Ihre Partnerin sitzt glücklich neben Ihnen. Sie sind mit 50 in der Blüte Ihrer Jahre, denn Sie müssen sich und anderen nichts mehr beweisen. Sie sind, wer Sie sind – und das ist gut so.

Sie können immer noch zum „Sexiest Man Alive" gewählt werden

Beim Blick in den Spiegel, beim Betrachten alter Fotos oder beim vorsichtigen Spähen nach der Gewichtsanzeige auf der Waage denken Sie vielleicht manchmal, das war's jetzt. Sie fühlen sich zwar wohl in Ihrer Haut und sind glücklich in Ihrer Beziehung, aber die Tage, in denen Sie unwiderstehlich auf das andere Geschlecht gewirkt haben, müssen doch jetzt vorbei sein. Mit grauen Haaren auf Ihrem Kopf, den kleinen Fältchen, die sich in der letzten Jahren in Ihrem Alabastergesicht breit gemacht haben … Falsch! Bei Männern richtet sich der

Grad der Attraktivität nicht zwangsläufig nach der jugendlichen Knusprigkeit. Zum Beweis: Stars über 50 sind oft nicht nur immer noch Sexsymbole, einige wurden sogar erst in diesem zarten Alter vom amerikanischen „People"-Magazin zum „Sexiest Man Alive" gewählt! Richard Gere war damals (im Jahr 1999) 50, Nick Nolte 51 (1992), Harrison Ford sogar 56 (1998)!
Zugegeben: Falls Sie noch kein berühmter Filmstar sind, werden Sie in den nächsten zehn Jahren vermutlich nicht vom „People"-Magazin entdeckt und zur Wahl gestellt werden. Sie brauchen sich auch nicht zwingend mit den George Clooneys und Johnny Depps dieser Welt zu messen (ja, diese beiden Herren sind auch gerade in Ihrem Alter). Mut machen sollte es Ihnen trotzdem. Die oben erwähnten Stars haben diesen Titel ja nicht gewonnen, weil sie mit Gewalt auf jugendlich und verführerisch machen. Sexy ist bei ihnen die Art, wie sie gealtert sind, und das, was sie gerade durch ihr Alter ausstrahlen. Stehen Sie zu dem, was Sie auf Ihre Art an sexueller Ausstrahlung aufweisen können. Vielleicht reicht es dann nicht zum „Sexiest Man Alive", aber zumindest zum „Sexiest Man im Büro" oder zum „Sexiest Man im Reihenhausviertel"!

Sie haben sich selbst gefunden und das wirkt attraktiv

Jugendliches Draufgängertum kann man Ihnen heutzutage wahrscheinlich nicht mehr unterstellen. Früher sind die Mädels auf die Typen abgefahren, die immer auf der Suche nach dem neuen Kick waren. Die immer bereit waren, ihre Grenzen zu überschreiten und neu auszuprobieren. Die mit

der Harley in den Sonnenuntergang fuhren und nicht wissen wollten, wo sie ankommen würden – und natürlich nur in den blauen Augen der Geliebten geborgen und zu Hause waren …
Mal ehrlich: Falls Sie damals so drauf waren – woran lag das denn? Doch nur daran, dass Sie mit sich selbst nicht im Reinen waren. Noch nirgends angekommen, nur auf der Suche nach Ablenkung vor der eigenen inneren Leere. Das mag bei jungen Männern attraktiv wirken, inzwischen haben die Mädels von damals aber kapiert, dass es Wichtigeres im Leben gibt. Und diese Leere spüren Sie doch mittlerweile hoffentlich nicht mehr in sich! Sie wissen, was Sie mögen, und worauf Sie verzichten können, Sie haben gelernt, die Leere zu Beginn Ihres Erwachsenseins mit etwas zu füllen, was man „Ihre Persönlichkeit" nennt. Kurz und gut: Sie haben sich selbst gefunden und haben es nicht mehr nötig, sich nach anderen Persönlichkeiten umzusehen, die Sie auch noch gerne sein würden.
Und das vermitteln Sie jetzt auch nach außen, indem Sie zum Beispiel klar Stellung beziehen, wenn es um Ihre Vorlieben und Abneigungen geht. Indem Sie sich kleiden, wie es Ihnen entspricht, oder Sie sich nicht mehr von irgendeiner neuen Idee begeistert anstecken lassen und sich dementsprechend ganz umkrempeln. Freuen Sie sich darüber! Denn davon abgesehen, dass Sie sich eine Menge unnütz verplemperter Zeit damit sparen, macht Sie das in Ihrem Alter gerade attraktiv! Sie wissen, wer Sie sind, und stehen dazu – das ist ein Zeichen von Verlässlichkeit und Stärke! Ihre Persönlichkeit steht jetzt in voller Blüte – darauf stehen die Frauen heute, und nicht nur die in Ihrem Alter!

Sie können sich (finanziell) Wünsche erfüllen

Sie arbeiten nun ja schon seit langer Zeit. Jeden Monat geht auf Ihrem Konto eine gewisse Summe ein, die beim einen hoch, beim anderen etwas weniger hoch ist. Vielleicht verdient ja Ihre Partnerin auch und Ihnen stehen zwei Einkommen zur Verfügung. Reicht Ihnen das Geld geradeso bis zum Monatsende? Oder können Sie auch ein bisschen etwas auf die hohe Kante legen? Das gesamte Sparvolumen der Deutschen betrug im Jahr 2011 übrigens 172,6 Milliarden Euro, ungefähr 10,4 Prozent ihres Einkommens legen sie beiseite. Die Menschen sparen aus den unterschiedlichsten Gründen: Manche möchten einfach einen Notgroschen haben, andere dagegen wollen sich einen bestimmten Wunsch erfüllen, zum Beispiel den Traum von den eigenen vier Wänden. Warum sparen Sie? Müssen Sie mit 50 überhaupt noch auf etwas sparen (siehe Kapitel „Zehn Dinge, die wir nicht mehr tun müssen“)? Mit 50 verdienen Sie in der Regel gut genug, um nicht jeden Cent dreimal umdrehen zu müssen. Sie können sich finanziell etwas leisten und den einen oder anderen Traum verwirklichen. Auch deshalb sind Sie nun in der Blüte Ihrer Jahre.

Sie haben die Midlife-Crisis überwunden

Hoffentlich sind Sie in den letzten Jahren halbwegs gut durch die Midlife-Crisis gekommen! Angeblich trifft die jeden Mann im Alter zwischen 35 und 50 und wird schon als die „männlichen Wechseljahre“ bezeichnet. Böse Zungen behaupten aber, das Ganze wäre eine Erfindung von Frauen, die es den Männern neiden, auch im Alter noch Lust auf schnelle Autos und junge Freundinnen zu haben … Wie dem auch sei: Auch wenn Sie im letzten Jahrzehnt nicht Bungee-Jumpen waren, sich keine Harley gekauft, keine Punkband mit den Kumpels Ihres Sohnes gegründet oder sich bei der Suche nach „Frischfleisch" auf Studentenpartys herumgetrieben haben, ganz krisenfrei lief es wahrscheinlich nicht. Sie haben sich vielleicht gefragt, ob sich wirklich alle „Knabenmorgenblütenträume" erfüllt haben, wie es Goethe so schwülstig nennt. Wollte man wirklich einmal, als man noch jung und stark war, sein Leben im Reihenhaus fristen? Die Abende eher vor dem Fernseher als auf der Suche nach Abenteuern verbringen? Ewig mit der gleichen Frau, die nicht mal auf Rockmusik steht, verheiratet sein? Und dann noch die Pölsterchen, die sich langsam am Bauch gebildet haben, die grauen oder fehlenden Haare … Bringt man es überhaupt noch?

Mittlerweile wissen Sie: Ja! Sie sind aus dem Gröbsten raus, weil Sie gelernt haben, dass das Wort „Krise" im Chinesischen zu Recht das gleiche wie „Chance" bedeutet. (Keine Ahnung, ob das stimmt, es wird jedenfalls ständig behauptet.) Es war ja nichts Schlechtes, einmal Bilanz in seinem Leben zu ziehen: Worüber ist man froh und stolz, was könnte man anders machen, was fehlt einem noch? Man muss ja deswegen sein Leben nicht vollständig umkrempeln, sondern kann dort ansetzen, wo es am meisten hakt. Dann war die Midlife-Crisis tatsächlich eine „Chance", zufriedener mit sich selbst zu werden. Und das sollten Sie jetzt erreicht haben! Keine Luftschlösser mehr, keine „Blütenträume" – Sie sind nun in der Blüte Ihrer Jahre, weil Sie die Krisen erfolgreich gemeistert haben und gestärkt daraus hervorgegangen sind!

Ihre Kinder sind aus dem Gröbsten raus

Was haben Sie in den letzten Jahren nicht alles mit Ihren Kindern durchmachen müssen! Von den Nächten, in denen Sie alle zwei Stunden aus dem Schlaf geplärrt wurden, über den Kampf mit Noten und störrischen Lehrern in der Schule zu den ständigen Auseinandersetzungen in der Pubertät – das ist nun hoffentlich erst einmal vorbei. Die Kinder sind, wenn sie überhaupt noch zu Hause wohnen, mittlerweile vernünftig genug, nicht mehr in voller Lautstärke diese furchtbare Rapmusik aufzudrehen. Sie nerven Sie nicht mehr mit ständig neuen Wünschen nach teuren Schuhen, iPhones oder Haustieren. Dass Sie sich wirklich Sorgen machen, wenn der Sohnemann statt um zehn Uhr abends erst mitten in der Nacht heimkommt, und das dann noch völlig betrunken, kauft er Ihnen jetzt vielleicht auch ab und schont diesbezüglich Ihre Nerven. Überhaupt ist das Verhältnis mehr auf Augenhöhe, Sie brauchen nicht mehr den strengen Patron zu markieren, sondern können sich vernünftig mit Ihrem Nachwuchs unterhalten. Vielleicht vermissen Sie ihn ja schon, wenn er zum Studium in eine andere Stadt gezogen ist, und freuen sich dann sogar über die Berge schmutziger Wäsche, die er einmal im Monat mit nach Hause bringt.
Man begreift vermutlich erst nach einer ganzen Weile, wie groß die gewonnen Freiheiten sind, wenn die Kinder aus dem Gröbsten raus sind: Sie haben plötzlich Zeit am Wochenende, weil Sie nicht mehr Ihren Sohn bei Fußballspielen anfeuern und trösten oder Ihre Tochter zur Reitstunde fahren müssen. Sie können mit Ihrer Frau endlich einmal dorthin in Urlaub fahren, wo Sie beide gerne hin möchten, nicht immer nur zum Strandurlaub mit angeschlossener Jugenddisco. Ganz zu schweigen von den finanziellen Einsparungen. Jetzt können

Sie Ihr Leben so genießen, wie Sie es sich vorstellen! Vielleicht finden Sie sogar Zeit für ein neues oder ein vergessenes altes Hobby, da ein Großteil der alltäglichen Termine langsam wegbröckelt. Und mit der Erfahrung, Ihre Kinder halbwegs gut durch deren Lebensanfang gebracht zu haben, sind Sie nun wirklich mit allen Wassern gewaschen – in der Blüte Ihrer Jahre eben!

Sie sind immer noch verdammt attraktiv

Eigentlich müsste ich zu diesem Thema gar nichts schreiben. Sie müssten nämlich nur einen Blick in den Spiegel werfen. Aber mein Verlag sagt, es wäre zu teuer, an dieser Stelle einen Spiegel ins Buch zu kleben. Und da Sie ja mein Buch weiterlesen und nicht etwa ins Bad laufen und sich im Spiegel begutachten sollen, schreibe ich jetzt eben etwas. Also: Mit 50 ist man immer noch verdammt attraktiv. Der Körper ist immer noch in Form, wenn auch nicht mehr ganz so straff wie mit 20 oder 30. Das Haar ist zwar nicht mehr ganz so üppig wie mit 20, aber in der Regel noch da. Außerdem hatten Sie in den letzten 50 Jahren genug Zeit, um herauszufinden, was Ihre guten und was Ihre schlechten Seiten sind. Nun wissen Sie natürlich genau, wie Sie diese geschickt betonen oder noch geschickter von ihnen ablenken.

Schauen Sie sich zum Beispiel mal Tom Cruise oder Jon Bon Jovi an: Beide feierten 2012 ihren 50. Geburtstag und sind immer noch verdammt attraktiv. Überhaupt sieht man auf den Kinoleinwänden noch jede Menge Schauspieler, die die 50 schon längst überschritten haben und immer noch wahre Kassenmagneten sind: George Clooney zum Beispiel.

Bei den Frauen sieht es da schon ganz anders aus. Hier ist schon 40 die fatale Altersgrenze: Wer diese überschritten hat, wird nicht mehr als sexy Hauptdarstellerin gebucht – es sei denn, sie hat sich mittels Botox locker einmal zehn Jahre wegspritzen lassen. Männer dagegen sind wie guter Wein: Sie werden mit dem Alter immer besser. Hier beschert Ihnen Ihr Y-Chromosom also einen ganz klaren Vorteil. Ich kann es Ihnen also gar nicht oft genug sagen: Männer mit 50 sind immer noch sehr attraktiv, und zwar nicht nur in Hollywood. Werfen Sie doch mal einen Blick in den Spiegel! Und wenn Ihnen ab und zu doch Zweifel kommen, ob Sie mit 50 wirklich noch so attraktiv sind wie mit 49, dann lesen Sie einfach das Kapitel „Die zehn besten Tipps für Männer, mit 50 so attraktiv zu wirken wie nie zuvor". So schwer ist das nämlich gar nicht - auch aus diesem Grund sind Sie mit 50 in der Blüte Ihrer Jahre!

Sie verschwenden keine Zeit mehr mit unnötigen Reibereien

Klar: Zum Leben eines Mannes gehören Reibereien dazu. Man will sich ja immer vergewissern, wie es um die eigene Kraft steht, ob man es noch mit anderen aufnehmen kann. Das ist genauso wie im Tierreich: Männliche Hirsche hauen jedes Jahr ihre Geweihe gegeneinander, um zu ermitteln, wer der Stärkere ist. Keiner will auf der Strecke bleiben und aufs Altenteil geschoben werden. Zum Glück müssen wir nicht mehr jedes Jahr aufs Neue mit Gewalt gegen andere Männer um die Gunst unserer Frauen kämpfen. Auch ist unser Revier mit Gartenzaun oder Wohnungstür deutlich umgrenzt und steht nicht zur Debatte. Der Instinkt, ab und zu mal sein Geweih gegen das eines anderen krachen zu lassen, ist aber noch nicht ganz aus unserem Genpool verschwunden. Mittlerweile haben Sie aber gelernt, Ihre Kraft nur noch für solche Reibereien zu verschwenden, die sich auch lohnen!

Sich beim Schaffner lauthals unter Androhung aller möglichen Konsequenzen über die übliche Verspätung der Bahn zu beschweren – sinnlos! Erstens kann der gute Mann nichts dafür, zweitens ist das Einzige, das Sie damit erreichen, dass Ihr Blutdruck in ungesunde Bereiche steigt. Dass Ihre Frau eben auf bestimmte Dinge gereizt reagiert, wissen Sie inzwischen haargenau – dann räumen Sie eben vor dem Zubettgehen die Bierflasche vom Wohnzimmertisch zurück in den Keller, anstatt über Nacht Ihr Revier damit zu markieren. Oder verkneifen sich einen Kommentar zur neuen Frisur der Schwiegermutter. Das Gleiche gilt im Beruf: Sie wissen, wann es nötig ist, einem Kollegen Kontra zu geben, oder wann es nur die Stimmung und das Vorankommen des gemeinsamen Projekts stört. Mit Ihrer Lebenserfahrung können Sie durchschauen, ob es bei einer Debatte nur um verletzte persönliche Eitelkeiten oder um eine sachliche Auseinandersetzung geht. Die Nerven und die Zeit, die Sie sich dadurch sparen, können Sie jetzt für angenehmere Dinge verwenden – insgesamt sind Sie dadurch zufriedener und glücklicher!

Sie fallen nicht mehr so schnell auf nicht lohnende Menschen herein

Kaum etwas ist schöner, als sich mit alten Freunden zu treffen, die uns bisher durchs Leben begleitet haben. Man kann alte Erinnerungen austauschen, über ehemalige Mitschüler, -studenten oder Kollegen sprechen („Weißt du, wen ich neulich im Zug …“), alle möglichen beruflichen, ehelichen oder erzieherischen Probleme bequatschen oder einfach nur blöde Witze reißen. Man kennt sich schließlich lange genug und weiß, auf welcher Wellenlänge man liegt. Ein Glück, solche Freunde gefunden zu haben!

Ganz sicher waren in Ihrem Leben aber nicht alle Bemühungen um Freundschaften von Erfolg gekrönt. Da gab es doch diesen Typen, der eigentlich auf den ersten Blick ganz nett war – bloß hat er Ihnen dann abendelang das Ohr abgekaut, was er alles schon Tolles gemacht und erlebt hat. Der brauchte Sie nur als Zuhörer, als Bestätigung für sein Ego. Oder ein anderer, der immer so wahnsinnig viele Probleme hatte. Jedenfalls kam es Ihnen so vor, weil er sich nur bei Ihnen gemeldet hat, wenn ihm mal wieder der Laufpass gegeben wurde. Heute wissen Sie: Das waren keine lohnenden Freundschaften, sondern im Grunde vergeudete Zeit. Der Labersack findet auch ein anderes Opfer, der Jammerlappen kann zum Therapeuten gehen. Sie können einschätzen, wann es sich lohnt, mit jemandem eine nähere Freundschaft zu beginnen, oder ob Sie nur ausgenützt werden. Auch auf den ganz besonders coolen Typen mit den zynischen Sprüchen, den alle umgarnen, fallen Sie nicht mehr herein, auch wenn Sie ihn in jüngeren Jahren unbedingt als Freund hätten haben wollten. Sie wissen, was Sie an Ihren Freunden haben – oder erkennen in neuen Bekanntschaften gleich das Potenzial dazu.

Zehn Menschen, die mit 50+ Jahren Großes vollbracht haben

Sie denken, nur junge Menschen vollbringen Großes, sind zu sportlichen Höchstleistungen fähig oder machen bahnbrechende Erfindungen? Schließlich gewann Boris Becker mit 17 zum ersten Mal Wimbledon und Steve Jobs war 21, als er in einer Garage sein Unternehmen Apple gründete. Doch es gibt zahlreiche Menschen, die uns zeigen, dass man auch mit 50 künstlerische Meisterwerke schaffen und sein Leben verändern kann. Beispiele gefällig? Bitte schön!

Hermann Hesse schrieb „Der Steppenwolf" (1927)

Au weia, das muss aber eine Midlife-Crisis gewesen sein, die den armen Hermann Hesse damals ereilt hat! „Ich schmeiße alles hin", schreibt er kurz vor seinem 50. Geburtstag in sein Tagebuch, „ich alternder Mann!" Zum Glück war Hesse aber Schriftsteller, und die können sich bekanntlich selbst therapieren, indem sie einen Roman schreiben. Das hat Hesse 1927 mit 50 Jahren dann auch getan, nämlich den Klassiker „Der Steppenwolf" – trotzdem hat er sich nebenher von einem Psychotherapeuten behandeln lassen. Die Hauptfigur im Roman,

Harry Haller, genannt „Steppenwolf", erlebt eine ähnliche Krise wie sein Autor. Auch er steht kurz vor der Schwelle zum runden Geburtstag, hat sich aber vorgenommen, sich an eben jenem umzubringen. Er ist nämlich schon zur damaligen Zeit so eine Art Hippie, der sich durchs Leben treiben lässt und nichts so sehr hasst wie die bürgerliche Spießigkeit. Da kann er mit dem gesetzten Alter ab 50 natürlich nichts anfangen. Allerdings tötet er sich letztendlich genauso wenig wie sein Schöpfer – auch wenn das Ende des Romans doch reichlich verschwurbelt und unklar ist.

Das Besondere an Hesses Leistung mit 50 Jahren ist, dass er nicht nur seine eigene Lebenskrise mit dem Roman verarbeitet hat. „Der Steppenwolf" wurde zu einem Kultbuch – allerdings nicht für verzweifelte 50-Jährige, sondern für jugendliche Rebellen! Die Hippies verschlangen den Roman förmlich – nicht umsonst hat sich die Band, die den einschlägigen Gassenhauer „Born to be wild" röhrte, nach diesem Buch benannt. Bis heute ist es eigentlich eine typische Lektüre für spätpubertierende Jungs, die das coole Gehabe des einsamen Wolfs kopieren wollen. Da sieht man doch, dass man mit 50 noch nicht zum alten Eisen gehört! Das Lebensgefühl und die Probleme von alternden Wölfen und jungen Hüpfern scheinen so weit nicht auseinander zu liegen …

Tolstoi fand die Religion (1881)

Dem russischen Schriftsteller Lew Nikolajewitsch Tolstoi, bekannt als der Verfasser dicker Wälzer wie „Krieg und Frieden" und „Anna Karenina", ging es ganz ähnlich wie Hesse: Auch er hatte um die 50 eine schwere Lebenskrise. Die hatte aber nichts mit seinen insgesamt 13 Kindern zu tun, die er mit seiner 20 Jahre jüngeren Frau Sofia nach und nach zeugte. Schon von Jugend an immer wieder von Selbstmordgedanken geplagt, fühlte er sich jetzt endgültig „am Abgrund angelangt". Und das, obwohl er zu der Zeit bereits ein angesehener und erfolgreicher Autor war! Tolstoi verstand dabei selbst, dass sein Wunsch nach dem Tod eine krankhafte Spinnerei war, eine angeborene Depression. In einem qualvollen inneren Kampf schaffte er es aber, die Krankheit zu überwinden.

Müsste man ihm dafür nicht schon genug Beifall zollen, gelang es Tolstoi auch noch, seine schlechte Laune anstatt gegen sich selbst gegen die damals fürchterlichen Zustände in Russland zu wenden. Bei einer Volkszählung hatte er 1882, mit 54 Jahren, nämlich mitbekommen, wie dreckig es den armen Leuten in Moskau ging, die vom Land dorthin gezogen waren. Ab sofort entwickelte er einen sprichwörtlichen „heiligen Zorn" gegen das Elend in der Welt. Dabei legte er an sich selbst die höchsten Maßstäbe an: Von Geburt an adlig, verzichtete er fortan auf alle Annehmlichkeiten dieser Welt. Alkohol und Tabak fasste er nicht mehr an, selbst den Genuss von Fleisch lehnte der spät berufene Vegetarier als unmoralisch ab. Tolstoi lebte also so heilig und asketisch, dass es nicht verwunderlich ist, dass er sich auch heftig der Religion zuwandte. Allerdings nicht dem Pomp und dem Brimborium, wie ihn in seinen Augen die russisch-orthodoxe Kirche verbreitete – das war ihm zuwider. Er übersetzte sogar die Evangelien neu ins Russische, um die wahren Lehren daraus besser verständlich machen zu können.

Nächstenliebe und Gewaltlosigkeit hatte er sich auf die Fahnen geschrieben (deswegen wurde er auch nicht zu einem richtigen Revolutionär). Sogar mit Gandhi pflegte er Briefkontakt. Seine Frau war allerdings mächtig sauer, weil er den gemeinsamen

Besitz zunehmend zugunsten der Armen auflöste und ihnen sogar die Rechte an seinen Büchern vermachen wollte. Im Streit dampfte er noch mit 82 Jahren mit der Eisenbahn von ihr ab, dabei zog er sich aber eine Lungenentzündung zu und starb an einem Bahnhof. Man sieht, auch mit über 50 Jahren kann man sein Leben noch einmal total umkrempeln. Tolstoi wird in Russland bis heute nicht nur wegen seiner großartigen literarischen Werke, sondern vor allem auch wegen seiner radikal geänderten Lebensweise zugunsten der russischen Bevölkerung verehrt.

Der griechische Philosoph Plotin schrieb die „Enneaden“ (254)

Das hatte sich der gute Plotin wohl schön vorgestellt: Anstatt tage- und nächtelang darüber zu brüten, seine philosophischen Ideen in Traktaten und Dissertationen zu Papier zu bringen, zog er es vor, im Gespräch mit seinen Studenten seinen Gedanken freien Lauf zu lassen. Sollten die doch das Ganze mitschreiben, dann brauchte er sich nicht darum zu kümmern! Angeblich hatte er damals sogar einen Pakt mit seinen ehemaligen Mitschülern Origines und Herennios geschlossen, die eigenen Lehren, die auf ihrem gemeinsamen Lehrer Ammonios beruhten, niemals schriftlich festzuhalten.
Mit über 50 hatte er jedoch ein Einsehen. Er war im römischen Reich außerordentlich populär geworden, zu seinen Schülern und Förderern zählten sogar der Kaiser und viele Senatoren. Diese überzeugten ihn mehr und mehr davon, von seiner freiwilligen Schreibblockade abzulassen. Das war ja auf jeden Fall zu seinem Vorteil: Denn nur so kennen wir heute überhaupt noch seinen Namen.

Wie gerne hochrangige Politiker in ihren eigenen Schriften zu Plagiaten greifen, wissen wir heute ja. Umso besser, wenn Plotins Lehren nicht von karierresüchtigen Senatoren als ihre geistigen Ergüsse verkauft wurden, sondern von dem Philosophen selbst. 254 nach Christus begann Plotin also damit, seine Werke niederzuschreiben. Heute sind diese unter dem Namen „Enneaden" bekannt. Plotin war ein großer Fan von Platon (nicht nur wegen des ähnlichen Namens) und seine Philosophie wird heute von denjenigen, die sich damit auskennen, als „Neuplatonismus" bezeichnet. Es gelang ihm, die damals schon antiken Lehren des „ollen Griechen" Platon mit neuem, zeitgemäßen Drive zu versehen. Damit wurde Plotin zu einem der bis heute einflussreichsten Philosophen – und das nur, weil er sich im damals ja schon greisenhaften Alter von 50 Jahren von seinen Studenten noch in den philosophischen Hintern treten ließ, sich auf den Selbigen zu setzen und seine Ideen aufzuschreiben.

Samuel Adams leitet die Boston Tea Party (1773)

Klar, „Teeparty" klingt eher nach einem harmlosen Vergnügen von alten Tanten und Knackern. Mit der berühmten „Boston Tea Party" vom Dezember 1773 verhält es sich aber keineswegs so. Damals waren die Vereinigten Staaten noch Teil des britischen Königreichs, hatten davon aber die Schnauze voll. Revolution lag in der Luft! Deswegen verkleideten sich damals in Boston einige Bürger als Indianer, schlichen sich in den Hafen und warfen drei Ladungen Tee von einem britischen Transportschiff ins Wasser. Frei nach dem Motto: „Wir wollen von euch unabhängig sein, also brauchen wir auch euren blöden Fünfuhrtee nicht!" (In Wirklichkeit hatte das Ganze mit einem komplizierten Zoll- und Steuerstreit mit dem Mutterland zu tun.) Wohin die Party mit Indianermaskerade und Randale letztendlich führte, war bald darauf zu sehen: Es kam zum offenen Konflikt mit Großbritannien, der schließlich in der amerikanischen Unabhängigkeitserklärung von 1776 mündete. Für uns dabei interessant: Der Hauptorganisator der „Boston Tea Party" war keineswegs ein jugendlicher Rebell, ein Urahn von James Dean oder Johnny Cash. Es war der 1722 geborene Samuel Adams, der mit seinen damals also schon 51 Lenzen nun wirklich nicht in Verdacht stand, ein randalierender Hooligan zu sein. Seit seinem Jurastudium in Harvard war Adams politisch aktiv und hatte sich damals schon immer mit den britischen Kolonialherren gekabbelt. Der Streit um die Teezölle brachte bei ihm aber dann trotz seines gesetzten Alters die Teetasse zum Überlaufen und er wurde zum Revolutionär. Als Anführer der „Boston Sons of Liberty" veranstaltete er mit ihnen die „Tea Party". Auch beim folgenden Unabhängigkeitskrieg spielte er eine wichtige Rolle und war einer der Unterzeichner der Unabhängigkeitserklärung. Merke: Auch mit über 50 kann man noch federführend bei den größten Umwälzungen der Geschichte mitwirken, selbst mit einem scheinbaren Dummejungenstreich wie der „Boston Tea Party". Samuel Adams wurde nach seinem Tod übrigens eine der größten Auszeichnungen zuteil, die ein Mann bekommen kann: Die Boston Beer Company benannte eine eigene Biersorte nach ihm.

Der Marquis de Sade veröffentlicht seinen Roman „Justine“ (1791)

Zugegeben: Ob es sich bei dem Machwerk „Justine“ vom berüchtigten Marquis de Sade tatsächlich um etwas „Großes“ handelt, ist wohl Geschmackssache. Nicht umsonst ist der lüsterne Marquis namengebend für die sexuelle Spielart des Sadismus geworden. Die Umstände, die hinter dieser Veröffentlichung mit 51 Jahren stehen, sind aber zumindest interessant.
Der 1740 geborene de Sade war seit 1777 in der berüchtigten Pariser Bastille inhaftiert. Ausschlaggebend war eine Anzeige von zwei Prostituierten, die der Lustgraf angeblich mithilfe von Drogen zu perversen Ausschweifungen gezwungen hatte. Das hinderte seine Ehefrau aber nicht daran, ihm den Aufenthalt im Gefängnis mit vorbeigebrachten Leckereien, Wein und Büchern zu versüßen – und eben auch mit dem zum Schreiben so dringend benötigten Papier. Erst im Gefängnis wurde de Sade zum Autor (vermutlich, weil er seine sexuellen Fantasien dort nicht mehr ausleben konnte). Seine bekanntesten Werke wie eben die „Justine“ oder „Die 120 Tage von Sodom“ hat er dort verfasst – um nicht erneut einschlägig aufzufallen, in winziger, kaum leserlicher Schrift. Beim berühmten „Sturm auf die Bastille“, dem Ausgangspunkt der französischen Revolution, kam er, nach einem Umweg übers Irrenhaus, schließlich frei und mischte kräftig bei den Revolutionären mit. In dem damals recht liberalen Klima konnte er schließlich 1791 seinen Roman veröffentlichen – überarbeitet und mit weiteren Obszönitäten versehen.
„Justine“ schildert das Schicksal einer tugendhaften jungen Dame, die im Laufe der Zeit zu immer größeren Lastern gezwungen wird, ehe sie am Schluss vom Blitz erschla-

gen wird. Was de Sade uns damit sagen will: Moral lohnt sich nicht, lieber gleich alle Hemmungen verlieren. Gut, man könnte sagen, der Marquis hat sich im Alter noch verwirklicht, seine Botschaft unters Volk gebracht und ist zum Inbegriff der sadistischen Perversion geworden. Gelohnt hat sich das für ihn allerdings nicht: Letztendlich sperrte man ihn wegen seiner Schriften wieder ins Irrenhaus, wo er auch starb – den Verleger von „Justine“ legte man sogar drei Jahre nach der Veröffentlichung öffentlich unter die Guillotine.

Beethoven stellte seine „Neunte Symphonie“ fertig (1824)

„Oh Freunde, nicht diese Töne!“, denkt man sich vielleicht manchmal beim Hören des ein oder anderen Songs aus den Charts. Waren die „Komponisten“ dieser Stücke denn taub? Es ist zu befürchten: Nein, die wissen was sie tun. Allerdings ist Taubheit kein Grund dafür, unanhörbare Musik zu komponieren – im Gegenteil: Als Ludwig van Beethoven 1824 seine berühmte „Neunte Symphonie“ (aus der auch das Zitat mit den Freunden und Tönen stammt) komponierte, war er nicht nur bereits 54 Jahre alt, er war auch fast vollständig taub. So taub, dass er sich schon seit 1818 mit seinen Mitmenschen nur noch über sogenannte „Konversationshefte“ unterhalten konnte – man schrieb dort einfach hinein, was man so zu sagen hatte.
Zum Glück muss Beethoven aber ein überragendes Verständnis für Musik besessen haben. Die späten Werke, also auch die als letzte geschriebene „Neunte Symphonie“, zeichnen sich durch außerordentlichen Wohlklang aus. Zum Beweis (unter dem Namen „Neunte Symphonie“ kann sich der musikalisch eher

den Beatles als dem ollen Beethoven zugewandte Laie vielleicht nichts vorstellen): In den letzten Satz dieser Symphonie ist die allseits bekannte „Ode an die Freude“ eingebaut, noch besser bekannt als „Freude schöner Götterfunken“, so die Anfangszeile dieser Ode von Schiller, die hier vertont wurde. Der Song wurde so populär, dass er 1985 zur offiziellen Hymne der Europäischen Union erklärt wurde. Man kann nur bewundern, wie der Komponist trotz seiner vielen Leiden (neben der Taubheit litt er damals auch bereits an einer Leberzirrhose) mit enormem Willen noch ein so zeitlos großartiges Werk geschaffen hat. Und man kann sich daran ein Beispiel nehmen: Selbst wenn man sich im Alter durch das eine oder andere Zipperlein schon sehr eingeschränkt fühlt, muss einen das nicht von großen Taten abhalten.

Václav Havel wurde Präsident der Tschechischen Republik (1989)

Taxifahrer und Schriftsteller, Regimekritiker und Staatspräsident – der 1936 geborene Václav Havel hatte ein bewegtes Leben hinter sich, als er 2011 starb. Und eine Karriere, die er sich in den harten Zeiten des Kommunismus sicher nicht hatte träumen lassen.

Kaum war der Krieg überstanden, ging es Havels Familie erst richtig an den Kragen: Die wohlhabenden Großbürger wurden vom neuen kommunistischen Regime enteignet. Der junge Václav musste sich ohne finanzielle Mittel durchs Leben schlagen – nicht mal auf eine höhere Schule durfte er gehen. Mit Taxifahren finanzierte er sich wenigstens die Abendschule und schlug eine Künstlerkarriere ein. Mit seinen Theaterstücken

und anderen öffentlichen Auftritten piesackte er die tschechoslowakischen Kommunisten so sehr, dass er mehrfach ins Gefängnis gesteckt wurde. Unter anderem 1989 – also bereits mit 53 Jahren – wegen „Rowdytums", das muss man auch erst einmal schaffen. Federführend war Havel dann an der „samtenen Revolution" in der Tschechoslowakei beteiligt, die das Ende des Regimes einläutete. Und ihn am Ende prompt auf den Präsidentenstuhl hievte. Dabei hält Havel einen besonderen Rekord: Er war sogar der gewählte Präsident von zwei Ländern! Zuerst trat er 1992 als tschechoslowakischer Präsident zurück, weil er gegen die Trennung der beiden Staaten war – nur um dann ein halbes Jahr später zum ersten Präsidenten der neu entstandenen Tschechischen Republik gewählt zu werden. Und das alles mit über 50 Jahren.
Das zeigt, dass sich auch in diesem Alter noch Lebensträume erfüllen können und ganz neue Karrierewege offenstehen: Vom armen Poeten zum Staatspräsidenten ist doch fast besser als vom Tellerwäscher zum Millionär, oder?

Henry J. Heimlich entwickelte das Heimlich-Manöver (1974)

Das Heimlich-Manöver? Das klingt doch nach einer supergeheimen militärischen Aktion … Oder wird damit der schnelle Sprung in den Kleiderschrank bezeichnet, den der Postbote vollführt, wenn der Ehemann der Geliebten überraschend heimkommt? War dieser Henry J. Heimlich dann so ein Tunichtgut?
Keineswegs, der Erfinder des Heimlich-Manövers ist sogar ein angesehener Arzt. Der 1920 geborene US-Amerikaner beschäf-

tigte sich schon sein ganzes Berufsleben mit Luft- und Speiseröhrenerkrankungen. Nach langen Jahren in Praxis und Forschung hatte er dann mit 54 Jahren die zündende Idee für das nach ihm benannte Manöver, das ebenso simpel wie genial wirkt. Man kennt die Situation vielleicht: Man mampft gierig in sich hinein und dabei bleibt einem irgendein großes Stück im Halse stecken. Oder man kriegt etwas sprichwörtlich in „den falschen Hals" … Wird diese Lage lebensbedrohlich – weil man nämlich keine Luft mehr bekommt, weil die Luftröhre durch den Fremdkörper verstopft ist –, kommt das Heimlich-Manöver zum Tragen: Der Retter umarmt den Erstickenden dabei von hinten, legt die Faust unter dessen Brustbein und drückt ihn immer wieder heftig an sich. Dadurch entsteht ein Überdruck, und das Ding, das im Hals steckt, sollte nach oben herausflutschen.

Dieses nach dem genialen Arzt benannte Manöver darf heute in keinem guten Erste-Hilfe-Kurs mehr fehlen. Man kann dem guten Henry J. Heimlich also nur gratulieren, dass er durch eine solche Idee seinen Namen unsterblich gemacht hat. Und die komischen Verbindungen mit dem Wort „heimlich" fallen einem ja nur auf, wenn man deutsch spricht. Allerdings müssen nicht alle medizinischen Erfindungen, die man mit über 50 macht, so einschlagen. Auch das beweist unser Herr Heimlich: Später hatte er die Idee, man könne Aids, Krebs und andere Krankheiten dadurch heilen, dass man den Patienten mit Malaria infiziert. Ob ihm da die Popularität seines Manövers zu Kopf gestiegen war?

Pablo Picasso vollendete sein Meisterwerk „Guernica“ (1937)

Es ist eines der berühmtesten Gemälde der Welt – und auch eines der Größeren. Auf 3,49 x 7,77 Meter (das sind über 27 Quadratmeter, also doppelt so groß wie eine durchschnittliche Studentenbude) stellte Pablo Picasso die Gräuel des spanischen Bürgerkriegs dar. Vorbild war dabei die Zerstörung der baskischen Stadt Gernika, die der Künstler in drastischen abstrakten Szenerien darstellt. Eine Kopie davon hängt heute im Vorraum zum Sitzungssaal des UN-Sicherheitsrats in New York, um die Politiker daran zu erinnern, welche schrecklichen Folgen Kriege für die Bevölkerung haben können. Allerdings zeigte sich die US-Regierung unter George W. Bush davon wenig beeindruckt – als der damalige Außenminister Colin Powell 2003 vor dem Rat seine Fantasien über die versteckten Massenvernichtungswaffen im Irak daherplapperte, ließ sie das Gemälde einfach mit einem Tuch bedecken. Kaum war das Bild nicht mehr zu sehen, stimmte der Sicherheitsrat der Kriegserklärung zu …

Aber zurück zum eigentlichen Thema, dem spanischen Maler Pablo Picasso. Der hatte, als er „Guernica“ im Auftrag der spanischen Regierung malte, schon einige Lebensphasen hinter sich. Wie das bei Künstlern so ist, gab es da nicht nur Kindheit, Pubertät und Midlife-Crisis, sondern beispielsweise auch eine „rosa Periode“ und eine „blaue Periode“, in der Picasso bevorzugt in diesen Farben malte. 1937, als er 55-jährig „Guernica“ vollendete, war er aber bei der namenlosen Meisterschaft angekommen, die dieses Bild auszeichnet. Da soll noch jemand etwas gegen den Spruch „Übung macht den Meister“ sagen – Picasso musste über 50 werden, um so genial malen zu können. Und mit dem politischen Anliegen war es Picasso, der früher eher als Macho und Ästhet aufgefallen war, sehr ernst. Nach dem verlorenen Bürgerkrieg verfügte er, dass das Bild erst dann in seiner Heimat Spanien ausgestellt werden durfte, wenn die Diktatur Francos zu Ende war. 1981 war es dann so weit, und das Original von „Guernica“ kann seither in Madrid bewundert werden.

Und Sie?

Schriftsteller, Philosoph, Komponist, Präsident: Sie haben nun von allerlei großen Taten gelesen, die Menschen im Alter von 50 oder knapp darüber vollbracht haben. Ganz klar, da kann so ein „Normalo“ wie Sie natürlich nicht mithalten. Trotzdem ist das noch lange kein Grund, verzweifelt zu sein. Denn literarische Genies können in Vergessenheit geraten und Präsidenten wieder abgewählt werden. Da leben Sie schon in erheblich größerer Sicherheit. Und überhaupt: Auch Sie haben in Ihrem Leben schon einiges erreicht. Sie sind 50 Jahre alt geworden – in Somalia oder im Sudan, wo die durchschnittliche Lebenserwartung 45 bis 49 Jahre beträgt, ist allein das schon eine beachtliche Leistung. Außerdem haben Sie die Schule abgeschlossen – auch das ist nicht überall auf der Welt eine Selbstverständlichkeit. Sie haben eine Ausbildung, einen Job und sind in der Lage, ihren Lebensunterhalt selbst zu verdienen. Zudem sind Sie vermutlich verheiratet oder leben in einer Partnerschaft und haben vielleicht auch Kinder. Sie haben also die Verantwortung für andere Menschen übernommen, geben diesen Liebe und werden von diesen geliebt. Auch danach sehnen sich viele Menschen vergeblich.

Es sind also nicht nur die Nobelpreise und Oscars, auf die es im Leben ankommt. Es ist auch das ganz Alltägliche, die vielen kleinen Dinge, die Sie jeden Tag erreichen und auf die Sie genauso stolz sein können wie auf einen Oscar. Zum Beispiel darauf, dass Sie es schaffen, regelmäßig Sport zu treiben und so etwas für Ihre Gesundheit zu tun, auch wenn Sie dabei keinen neuen Weltrekord aufstellen. Fallen Ihnen noch mehr solche Dinge ein? Dann notieren Sie die, die Sie mit 50 erreicht haben oder in den nächsten Jahren erreichen wollen. Auf geht's – worauf warten Sie noch?

Die zehn wichtigsten Regeln für das würdevolle Altern ab 50

Es gibt Menschen, die halten krampfhaft an ihrer Jugend fest und wirken irgendwann einfach nur noch lächerlich. Und es gibt Menschen, die würdevoll altern. Damit Sie nicht in die Gruppe der Berufsjugendlichen fallen, habe ich einige Tipps für Sie zusammengestellt, wie Sie ab 50 souverän älter werden. Obwohl 50 natürlich keinesfalls alt ist! Nein, überhaupt nicht! Im Gegenteil: Sie sind jetzt in der Blüte Ihrer Jahre, wie Sie bereits gesehen haben.

Begreifen Sie schlechte Erlebnisse als Lernerfahrung

„Was einen nicht umbringt, macht einen nur stärker" – diesen blöden Spruch haben Sie sicher schon oft gehört. Klar, als Mann sagt man so etwas schon einmal vor sich her, weil man ja den starken Macker markieren muss. Aber unter uns: In dem Moment, wo man wirklich etwas erlebt hat, das einen emotional fast umgebracht hätte, will man diese Binsenweisheit doch nicht hören. Blablabla! Dann tritt Mann eben vor Wut den Papierkorb im Büro kaputt, weil ihn der Chef vorhin in der Sitzung vor versammelter Mannschaft rundgemacht hat. Oder er schwört beim fünften Frustbier, dass ihm die Frauen endgültig gestohlen bleiben können, nachdem die Freundin ihn

für einen anderen hat sitzen lassen. Oder schmeißt mit einer verdrückten Träne den Fanschal in die Tonne, wenn der Lieblingsfußballverein mal wieder abgestiegen ist …
Keine Frage, der Frust muss erst einmal raus. Aber in Ihrem Alter haben Sie wahrscheinlich begriffen, dass an dem Spruch mit dem Stärkermachen doch etwas dran ist. Die Welt ist eben nicht untergegangen, als Sie mit 17 von Ihrer Flamme verlassen wurden – hatte die nicht sowieso diese viel zu große Nase? Und Ihr Club ist doch bis jetzt auch immer wieder aufgestiegen, oder? Sie haben schon einige Enttäuschungen erlebt, über die Sie heute vielleicht schmunzeln können. Es ist einfach Teil des Lebens, dass man mal anscheinend auf Null zurückgeworfen wird, um sich selbst irgendwo neu zu entdecken. „Leben heißt lernen", eine andere Weisheit aus Omas Nähkästchen. Aber das zu akzeptieren muss man eben auch erst einmal lernen – und das haben Sie mittlerweile, wenn Sie ehrlich sind. Sollte der Chef es heute noch wagen, Sie anzupflaumen, dürfen Sie sich selbstverständlich ärgern – jedoch mit der wissenden Gelassenheit, dass auch dieses Erlebnis Sie auf irgendeine Weise weiterbringen wird.

Seien Sie für andere ein Vorbild

Was ist das eigentlich, ein Vorbild? Erinnern Sie sich mal an Ihre Jugend zurück: Da hatten Sie sicher Idole, die höchstwahrscheinlich nichts mit einem Mann um die 50 zu tun hatten … Franz Beckenbauer oder Paul Breitner, Bruce Springsteen oder Johnny Rotten, Superman oder James Bond, alles eher Vertreter einer (zumindest damals) jugendlich-dynamischen Fraktion. Zu so einer Art Vorbild taugen Sie heute also höchstwahrscheinlich nicht mehr, nichts für ungut. Aber es gibt trotzdem viele Bereiche, in denen Sie anderen ein positives Beispiel geben können. Zeigen Sie Ihren Kindern, wie man eine harmonische, gleichberechtigte Beziehung führt – gute väterliche Ratschläge sind eine Sache, wesentlich überzeugender ist aber vorgelebtes Verhalten. Im Beruf wird es sicherlich jüngere Kollegen geben, die sich an einem alten Hasen orientieren möchten. Wenn Sie denen gegenüber nur sexistische Witze über die Sekretärin reißen oder ihnen auf derbe Weise klarmachen, dass sie ganz unten in der Hackordnung stehen, ziehen Sie nur eine neue Generation von ekelhaften Bürohengsten heran. Pflaumen Sie den Straßenbahnschaffner oder den Baumarktverkäufer nicht grundlos an, bloß weil Ihnen eine Laus über die Leber gelaufen ist oder etwas nicht gleich so funktioniert, wie Sie es sich vorstellen. Sie gehören momentan der Generation an, die den Ton in der Gesellschaft angibt – lassen Sie es einen guten Ton sein, indem Sie sich so verhalten, wie es Ihrem Alter geziemt: würdevoll, mit Rücksicht auf die anderen und gelassen. Davon abgesehen: Was kann einen Mann mit mehr Stolz erfüllen als die Erkenntnis, dass sein jüngerer Kollege oder gar sein Sohn ihm in bestimmten Dingen nacheifert? Lassen Sie es sich gesagt sein: Es lohnt sich, ein Vorbild für andere zu sein!

Setzen Sie im Sport auf Technik und Raffinesse

Es sei Ihnen unbenommen, den Sport zu treiben, der Ihnen Vergnügen bereitet – Hauptsache, Sie bewegen sich überhaupt. Eine gewisse Fitness ist in Ihrem Alter aus gesundheitlichen Gründen unbedingt zu empfehlen! Wenn Sie Wert auf würdevolles Altern legen, stellt sich natürlich die Frage, ob dazu auch jede Form von Sport geeignet ist. Sie müssen ja nicht gleich den Senioren-Trendsport „Nordic Walking“, auf Deutsch „Närrisches Walzen“, betreiben und mit Skistöcken durch die Natur pflügen. Aber überlegen Sie sich mal, ob es Ihrem Ego wirklich gut tut, wenn Sie nach jedem Skiausflug erst mal ein halbes Jahr Krankengymnastik betreiben müssen, bis Ihr Knie wieder auf Normalgröße zurückgeschrumpft ist. Oder wenn Sie beim Joggen im Wald wegen Ihres Gekeuches mit einem brünftigen Hirsch verwechselt werden. Oder – und das ist das Allerschlimmste – wenn Ihr Sohn Sie allmählich in all Ihren Paradedisziplinen von Tennis bis Kraulen geschlagen hat. Spätestens dann sollte Ihnen klar werden, dass die Zeiten vorbei sind, in denen Sie andere durch Ihre überlegene Fitness in die Knie gezwungen haben.

Allerdings gibt es ja nicht nur Sportarten, bei denen es darauf ankommt, sondern auch solche, wo Raffinesse und Technik entscheidend sind. Und darüber verfügen Sie in Ihrem Alter ja reichlich! Wenn Sie es sich leisten können: Wie wäre es mit Golf? Wie schnell Sie dem geschlagenen Ball hinterherhumpeln, spielt keine Rolle. Außerdem können Sie sich dort auch altersgemäß kleiden und müssen nicht in kurzen Hosen Ihre vielleicht nicht mehr so strammen Waden präsentieren. Oder haben Sie schon einmal über Bogenschießen nachgedacht? Das erfordert zwar viel Kraft, aber auch Konzentration und Technik. Im Winter können Sie Eisstockschießen – klingt zwar spießig, ist in der angelsächsischen Variante „Curling“ aber sogar olympische Disziplin! Das mag für Sportarten wie Kegeln, Schach, Billard oder Skat zwar nicht gelten, aber auch bei denen können Sie in Ihrem Alter alle anderen ausstechen, ohne ganz groß bei Kondition zu sein.

Stellen Sie sich nicht um 4 Uhr morgens für das neue iPhone an

Sie haben vielleicht die Bilder gesehen: Jedes Mal, wenn die Firma Apple ein neues – natürlich vollkommen anderes und ganz und gar verbessertes – Mobiltelefon herausbringt, bilden sich auf der ganzen Welt große Schlangen vor den entsprechenden Geschäften. Dagegen ist ein Computerverkauf bei Aldi harmlos – zum Teil übernachten die Handyverrückten im Liegestuhl vor dem Laden oder stehen um vier Uhr früh auf, um als einer der Ersten das tolle Ding zu besitzen. Der Unterschied zum Aldi-Computer ist aber, dass es das neue iPhone auch noch am Nachmittag oder die ganzen nächsten Monate zum gleichen sündhaft teuren Preis gibt. Es geht den Fans eben darum, als einer der Ersten mit dem neuen Gerät herumhantieren zu können.
Vielleicht kommen Ihnen diese Bilder auch von anderen Gelegenheiten bekannt vor: Damals, als einmal im Jahr ein neuer „Harry Potter" herauskam, standen die Leute Schlange vor den Buchläden, genauso vor dem Plattenladen, wenn es die neue Backstreet-Boys-Scheibe gab. Was haben diese beiden Beispiele gemeinsam? Genau: So ein Verhalten ist eigentlich typisch für Teenager! Es ist schon erstaunlich, wie erwachsene Menschen sich wegen eines kleinen Stücks Technik wieder in einen solchen Zustand zurückentwickeln. Nach dem Motto: „Ätschbätsch, ich hab's schon vor dir gehabt!" Das haben Sie doch nicht mehr nötig! Und es wirkt in Ihrem Alter auch wirklich dämlich, wenn Sie, sobald die Ladentür aufgeht, hineinstürmen, alle Konkurrenten beiseiteschubsen, sich die Schachtel mit dem heiligen Gral der Mobilität unter den Arm klemmen, um ihn mit Ihrer goldenen Kreditkarte zu bezahlen.

Nein, der würdevolle Mann mit 50 geht einfach gemütlich nachmittags nach getaner Arbeit ins Geschäft und holt sich das Gerät – wenn es denn sein muss – in aller Ruhe und ohne blaue Flecken ab. Sie haben gelernt, dass ein erfüllter Wunsch nicht weniger süß schmeckt, weil man eine Zeit lang darauf warten musste. Und außerdem: Während die Verrückten, die über Nacht Schlange gestanden haben, zu Hause mit dem ergatterten Schatz im Arm den verlorenen Schlaf nachholen, können Sie dann abends schon damit spielen!

Stehen Sie zu Ihrer Frisur

Es gibt eine ganze Menge Methoden, um zu verschleiern, dass das Haar mit 50 nicht mehr so voll ist wie mit 20. So kann man es zum Beispiel a) gleich komplett abrasieren, ganz nach dem Motto: Ich entscheide selber, wann ich eine Glatze bekomme! Heute ist ein rasierter Kopf auch salonfähig und wenn Sie dazu nicht gerade Springerstiefel und eine Bomberjacke tragen, landen Sie damit auch nicht in der rechten Schublade, wie das noch vor zwanzig Jahren der Fall gewesen wäre. Man kann aber auch b) das verbliebene Haar seitlich wachsen lassen und es dann über die – sagen wir es ruhig – Glatze kämmen. Im Englischen hat diese „Frisur" sogar einen Namen: Man nennt sie dort „combover", was nichts anderes heißt als „drüberkämmen". In Deutschland könnte man das auch als „Resthaarverwaltung" bezeichnen.

Falls Sie zu dieser noch immer weit verbreiteten Methode greifen, sind Sie in bester Gesellschaft. Schon der Kaiser Konstantin der Große verschleierte im 4. Jahrhundert so seine kahlen Stellen. Weitere berühmte Combover-Träger sind beziehungsweise waren der englische Fußballer Bobby Charlton, der amerikanische General Douglas MacArthur (und eine GI-Joe-Actionfigur, die nach seinem Vorbild gefertigt wurde), und der amerikanische Unternehmer Donald Trump, bevor er sich für Methode c) entschied: ein Toupet. Dieses Haarersatzteil kaschiert Halb- oder Stirnglatzen und wird/wurde unter anderem von Humphrey Bogart, Julius Cäsar, Sean Connery (nur vor der Kamera) und Frank Sinatra getragen. Und wenn einem dies zu gefährlich ist (man denke nur an die zahlreiche Witze und Slapstick-Momente, die ein Toupet zum Gegenstand haben), kann man immer noch Methode d) wählen: Extensions oder gar eine Haartransplantation. Für diesen Weg entschieden sich unter anderem Elton John, Nicolas Cage, Silvio Berlusconi, Wayne Rooney und Matthew McConaughey und erfreuen sich nun wieder an einer wahren Haarpracht.

Es gibt also eine ganze Menge Methoden, um mal mehr, mal weniger geschickt zu verbergen, dass das Haar auch schon mal voller war. Und das zu sehr unterschiedlichen Preisen: von 0,00 Euro (Combover) bis zu 10.000 Euro (Haartransplantation). Aber mal unter uns gesagt: Sind Sie mit 50 nicht eigentlich so selbstbewusst, dass Sie zu Ihrer Frisur stehen können? Dass Sie sich denken: Okay, ich hab nun mal weniger Haare als mit 20, aber das geht (fast) allen Männern so? Und einfach das Beste daraus machen können? Denn seien wir mal ehrlich: Über Männer mit Combover lacht jeder hinter vorgehaltener Hand. Und wenn Sie von einem Tag auf den anderen mit vollem Haupthaar zur Tür hereinspazieren, weil Sie ein Toupet tragen oder sich einer Haartransplantation unterzogen haben, sorgt das auch für Gekicher.

Volles, dunkles Haar bei Männern ab einem gewissen Alter ist immer suspekt – Ex-Bundeskanzler Schröder kann ein Lied davon singen. Die einzige Lösung, bei der Sie mit Ihrem Haar nicht auch noch Ihr Gesicht verlieren, ist der absichtliche Kahlschlag. Aber der steht auch nicht jedem. Also geben Sie sich mit dem zufrieden, was Sie haben, solange Sie es noch haben, und stehen Sie zu Ihrer Frisur – gerade mit 50.

Vertreten Sie Ihre Meinung

Früher war die Welt noch in Ordnung! Und Ihre Meinung meistens mehrheitsfähig. Ihre Freunde zum Beispiel haben Sie sich ja unter anderem auch deswegen ausgesucht, weil sie ähnliche Ansichten zu verschiedenen Dingen hatten. Das wird wahrscheinlich auch so für Ihre Frau gelten. Darüber hinaus waren Sie als junger Mensch dem Mainstream näher als im Alter. Und Ihre Kinder konnten Sie eine ganze Zeit lang zum Konsens bringen, weil Ihre Meinung zu Hause ein Stück weit Gesetz war. Das wird sich vermutlich geändert haben: Die Kinder widersprechen Ihnen mittlerweile nicht mehr nur aus pubertärem Trotz, sondern weil sie sich eigene Meinungen zu bestimmten Themen gebildet haben. Oft haben die undankbaren Gören dann auch noch Ihre Frau auf ihrer Seite. Die neuen Freunde, die Sie jetzt finden, waren vielleicht nicht alle bei der Friedensbewegung wie Ihre alten. Ganz zu schweigen von den Ideen jüngerer Kollegen in der Mittagspause – diese Piratenpartei zum Beispiel, wie können die die ernst nehmen? Und der angebliche Klimawandel – der letzte Winter war doch so kalt!
Das Gute ist: Sie müssen Ihr Fähnchen jetzt nicht mehr in den Wind hängen, wenn alle anderen gegen Ihre Ansichten sind. Im Job haben Sie ein Standing erreicht, das Ihnen eine eigene Ansicht erlaubt – man wird diese respektieren, ohne Sie gleich

zum alten Eisen abzuschieben. Um für einen verschrobenen alten Kauz gehalten zu werden, sind Sie nämlich noch zu jung! Und es gehört fraglos zur Würde des Alterns dazu, sich nicht von der Mehrheit unterkriegen zu lassen. Stehen Sie zu Ihren Ansichten und geben Sie nicht klein bei – das ist sicher manchmal anstrengend und undankbar, verhilft Ihnen aber zu Ansehen und Zufriedenheit!

Erkennen Sie, wann sich Weitermachen lohnt – und wann nicht

Ein Mann ficht in seinem Leben viele aussichtslose Kämpfe. Da gibt es zum Beispiel die Frau, die er unbedingt erobern möchte. Dass die sich schon längst für einen anderen entschieden hat oder nur an einer Freundschaft interessiert ist, merkt man nicht gleich. Also bietet man alles auf, was man hat – den ganzen Charme, Blumen, die beste Garderobe, romantische Dinner, teure Geschenke – und steht am Ende doch mit leeren Händen da, weil man sowieso keine Chance gehabt hätte. Oder man hat eine zündende Idee im Job, wie man den Umsatz vergrößern könnte. Erstellt Kalkulationen, bringt das Vorhaben bei jeder Sitzung zur Sprache, nervt die Kollegen beim gemeinsamen Mittagessen mit dem genialen Plan – und der Chef freut sich zwar über das Engagement, hat aber einfach keine Kapazitäten für das Projekt frei.

Andererseits kann sich Beharrlichkeit auch auszahlen! Kennen Sie Cato den Älteren? Der war ein hohes Tier bei den alten Römern. Und besessen von der Vorstellung, dass man den damaligen Erzfeind Karthago doch am besten gleich ganz vernichten sollte, ehe die zuerst angreifen konnten. Ein antiker

Präventivschlag sozusagen. Mit über siebzig Jahren noch beendete er jede seiner Reden im Senat mit dem berühmten Ausspruch: „Im Übrigen glaube ich, dass Karthago zerstört werden muss". Der ist in seiner Kurzform als „Ceterum censeo" in die rhetorische Geschichte eingegangen. Ein Jahr vor seinem Tod hatte er dann alle anderen Senatoren so damit genervt, dass die schließlich klein beigaben und Karthago im Dritten Punischen Krieg dem Erdboden gleich gemacht wurde – gut für die Römer, die dadurch endgültig zur Weltmacht aufgestiegen waren.
Cato der Ältere wusste also in seinem hohen Alter, wann es sich lohnt, sich so richtig hinter eine Sache zu klemmen. Das wissen Sie doch aus Ihrem Erfahrungsschatz mittlerweile auch – und können einschätzen, wann es besser ist, die Segel zu streichen. Ein anderes Beispiel ist der alte Don Quixote aus der spanischen Literatur. Der gab nie auf, gegen die sprichwörtlichen Windmühlen zu kämpfen, und wurde dadurch zum „Ritter der traurigen Gestalt" – ein lächerlicher Greis. In Würde altern ist was anderes. Wägen Sie also gut ab, wann es sich lohnt, Ihr „Ceterum censeo" anzubringen, und wann lieber nicht, ehe Sie zum Opfer einer fixen Idee werden!

Lachen Sie auch mal über sich selbst

Natürlich gibt es Leichteres, als über sich selbst zu lachen. Gerade wenn man als Mann immer unter dem Druck steht, sich als stark und nahezu unfehlbar zu behaupten. Oft sind die Situationen, in denen andere über einen lachen, auch mit Schreck oder Schmerz verbunden – wenn man etwa, weil man gar zu forsch und dynamisch dahinschreitet, ins Stolpern kommt. Oder mal wieder meint, die ganzen Einkäufe auf einmal ins Haus tragen zu können und die Milchflaschen aus dem Arm rutschen und zu Bruch gehen. Und natürlich ist es unangenehm, wenn man bei Marotten ertappt wird, die andere urkomisch finden …

Dennoch: Wer in Würde altern will, sollte da über den Dingen und seinem Ego stehen. Reagiert man aggressiv oder beleidigt, wenn man auf freundliche und scherzhafte Weise auf den Arm genommen wird, kann man damit vielleicht auf dem Schulhof unter den anderen coolen Jungs punkten – im richtigen Leben wird man als verbohrt und unnahbar gelten. Wenn Sie sich durch einen Scherz angegriffen fühlen, wehren Sie den Angriff am besten damit ab, dass Sie mitlachen. Das ist nicht nur entwaffnend, sondern beweist, dass Sie mit sich selbst im Reinen sind und souverän zu Ihren Schwächen stehen können. Und mal ehrlich: Sie haben sich doch inzwischen einige Marotten angewöhnt, die eigentlich zum Brüllen komisch sind, oder? Ob es die alten Hausschlappen sind, die nur noch aus Fetzen bestehen, die Sie aber nicht wegwerfen wollen. Oder Ihr Gesumme von irgendwelchen selbst erfundenen Melodien, während Sie Ihre E-Mails lesen, bestimmte Floskeln, die Sie bei allen möglichen Gelegenheiten immer wieder verwenden, und so weiter … Wenn Sie mit sich selbst lachen – nicht über sich – haben Sie immer was zu lachen – und Lachen ist bekanntlich gesund!

Versöhnen Sie sich mit sich selbst

Die Zahl 50 hat schon etwas Magisches – die Hälfte von Hundert, der erste runde Geburtstag, den man so richtig feiert. Oft ist dieses Alter Anlass, eine erste Lebensbilanz zu ziehen, auch wenn die Midlife-Crisis schon überwunden ist. Wenn Sie das gemacht haben, stoßen Sie mit Sicherheit auch auf die berühmten wunden Punkte. Was für ein Tölpel waren Sie damals, als Sie zu Schulzeiten Ihre heimlich Angebetete durch ständiges blödes Stottern vergrault haben! Ihren ehemals besten Freund haben Sie vor den Kopf gestoßen, indem Sie sich irgendwann nur noch spärlich, dann überhaupt nicht mehr gemeldet haben. Oder vielleicht sind Sie jetzt immer noch auf Ämtern oder im Gespräch mit dem Chef unsicher und schaffen es nicht, Ihren Standpunkt deutlich zu vertreten … Das sind nur Beispiele für solche möglichen „wunden Punkte", die uns ein Leben lang nachhängen oder unser Verhalten prägen. Es sagt sich leicht, aber es bringt nichts, immer wieder darin zu bohren. Wenn Sie einmal mit Ihrer Frau oder einem Freund streiten, legen Sie ja auch größten Wert darauf, sich zu versöhnen, wenn die Wogen geglättet sind. Und im Normalfall bleiben da dann doch keine wunden Punkte zurück, oder?

Warum versuchen Sie das Gleiche also nicht mit sich selbst? Was einmal war, kann nun mal nicht rückgängig gemacht werden, so oft Sie es auch wieder aus dem Keller holen. Sicher haben Sie auch mal richtig Mist gebaut – aber das gehört nun mal zu Ihnen dazu. Wieder zurück zum Streit mit Ihrer Frau – wenn die Sie verletzt hat, vergessen Sie das nach der Versöhnung vielleicht nicht, verzeihen ihr aber. Warum? Weil Sie Ihre Frau lieben – und das gilt hoffentlich auch für sich selbst! Zur Versöhnung gehört nicht, dass man alle Unstimmigkeiten ausräumt, sondern damit umzugehen lernt. Versöhnen Sie sich also mit all den wunden Punkten, all den Teilen in sich, mit denen Sie unzufrieden sind. Zu einem würdevollen Altern gehört eben auch, dass man nicht ständig mit sich selbst hadert!

Wirken Sie im Job souverän, aber nicht selbstgefällig

Ganz klar: Sie gehören mittlerweile zu den „alten Hasen“ an Ihrem Arbeitsplatz. So leicht macht Ihnen da niemand was vor. Sie wissen, wie man mit dem Chef sprechen muss, um angehört zu werden. Wie man sich bei der Sekretärin einen Extrakaffee erschmeicheln kann. Die täglichen Arbeitsabläufe erledigen Sie fast im Schlaf, alle möglichen Krisensituationen, Abgabefristen oder andere Probleme ringen Ihnen nur noch ein müdes Lächeln ab …

Vorsicht! Die Gefahr ist nicht zu unterschätzen, dass Sie mit all Ihrer Erfahrung und Kompetenz zwar gut durch den Tag kommen, bei den Kollegen aber unbeliebt werden. Natürlich fragen die jungen Kollegen bei Ihnen um Rat, natürlich müssen Sie die auch mal zurechtweisen – entscheidend ist die Art, wie Sie sich dabei verkaufen. Lassen Sie permanent raushängen, wie gut Sie in Ihrem Job sind und dass Sie allen anderen mehrere Nasenlängen voraus sind, dass die Jugend ja sowieso schlechter ausgebildet und schlampiger ist, werden Sie nicht gut bei denen ankommen – mehr noch, Sie wirken dabei genauso eklig und schmierig wie der Typ, den Sie damals nicht leiden konnten, als Sie selbst angefangen haben. Der immer alles besser wusste und keine andere Meinung gelten ließ. Wenn Sie zu selbstgefällig rüberkommen, macht Sie das aber nicht nur bei den Kollegen unbeliebt, sondern auch beim Chef – unterschätzen Sie nie dessen Antennen, auch wenn Sie ihm noch so viel Honig ums Maul schmieren. Gefragt ist Souveränität! Zeigen Sie ruhig, dass Sie alle Situationen meistern können, strahlen Sie durch Ihre Erfahrung Ruhe und Würde aus – aber nicht Arroganz und Eitelkeit!

Die zehn besten Tipps, mit 50 so attraktiv zu wirken wie nie zuvor

Wie Sie jetzt schon auf über 100 Seiten gelesen haben, gehören Sie mit 50 keineswegs zum alten Eisen. Trotzdem werden Sie merken, dass Sie nicht mehr so mühelos einfach gut ausschauen wie noch mit 30 oder 40. Jetzt ist ein bisschen Arbeit nötig, damit Sie mit 50 so attraktiv wirken wie nie zuvor. Dafür habe ich ein paar Tipps für Sie – mal mehr, mal weniger ernst.

Denken Sie daran: Graue Haare sind attraktiv

Na, wie sieht es auf Ihrem Kopf aus? Noch alle Haare da? Fast die Hälfte aller Männer in Deutschland leidet nämlich unter Haarausfall – früher oder später, versteht sich. Wenn Sie in Ihrem Alter noch üppigen Haarwuchs haben: Gratulation, das wird sich vermutlich auch nicht mehr ändern. Aber wie steht's um die Farbe? Vermutlich hat sich so langsam aber sicher die eine oder andere graue Strähne auf Ihrem Kopf breitgemacht, vielleicht sind Sie auch schon ganz ergraut. Egal – lassen Sie sich darüber keine grauen Haare wachsen! Männer in höherem Alter können durchaus noch an Attraktivität gewinnen. Graue Haare helfen dabei sogar!

Acht von zehn Frauen finden laut Statistik Männer mit ergrautem Haar attraktiv – die anderen beiden können Ihnen auch

gestohlen bleiben. Denken Sie an George Clooney: Der wurde trotz oder wegen seiner grauen Haare sogar zweimal zum „Sexiest Man Alive" gewählt. Warum Frauen so empfinden, hat man auch herausgefunden: Grauhaarige Männer wirken erfahren, souverän und reif – für Frauen sind das wichtige Qualitäten. Auch sind ältere Herren erfahrungsgemäß wohlhabender als jüngere, aber da wollen wir nichts unterstellen. Stehen Sie also zu Ihrer neuen Haarfarbe! Wenig ist für einen Mann beschämender, als wenn man ihm nachsagt, er würde sich die Haare färben. Was meinen Sie, warum der ehemalige Kanzler Gerhard Schröder damals gleich gerichtlich gegen solche Unterstellungen vorgegangen ist? Eben.
Es kommt natürlich nicht nur auf die Haarfarbe an, sondern auch auf den ganzen Kerl. Wer ungepflegte graue Zotteln hat, wird wenig punkten können, und graue Haare an sich machen aus einem Mauerblümchen noch keinen Weiberheld. Im Großen und Ganzen kann aber festgehalten werden, dass graue Haare als Plus und weniger als eine Verschlechterung wahrgenommen werden – und darum sind Sie jetzt so attraktiv wie nie zuvor!

Trinken Sie genug Wasser

Ach, Sie meinen, echte Kerle trinken doch kein Wasser? Morgens und in der Arbeit der Kaffee, in dem der Löffel stecken bleibt, und abends das eine oder andere Bier, vielleicht auch mal ein ordentlicher Schnaps – das reicht für den Flüssigkeitshaushalt eines Mannes? Und wenn man mal ins Schwitzen

kommt, dann stattdessen eben einen Cappuccino oder ein Radler zum Ausgleich? Flüssigkeit ist doch das genaue Gegenteil von Härte?
Naja, klar können Sie auch auf diese Weise ein hohes Alter erreichen. Wie Sie dabei aussehen, steht allerdings auf einem anderen Blatt. Wenn Sie runzlig wie eine eingetrocknete (eben!) Pflaume werden wollen – bitte schön, machen Sie so weiter. Auch haben Wissenschaftler herausgefunden, dass ein Zusammenhang zwischen wenigem Trinken und Dickleibigkeit besteht (den Bierbauch jetzt mal außen vor gelassen). Je mehr Wasser man trinkt, desto angeregter läuft der Stoffwechsel, desto mehr Fett wird verbrannt. Die Haut trocknet als erstes Organ im Körper aus und wird deshalb faltig, wenn wenig getrunken wird. Was meinen Sie, warum die ganzen Models im Fernsehen ständig an der Wasserflasche nuckeln? Gut, das Beispiel überzeugt Sie in Ihrer Männlichkeit vielleicht nicht sofort, die Models tun das aber für ihre Haut und den gesunden Teint.
Niemand erwartet von Ihnen, dass Sie sich Gurkenmasken ins Gesicht schmieren oder zur Wellness-Behandlung gehen. Mit ausreichend Wasserzufuhr pro Tag können Sie aber schon viel für Ihre Haut tun. Ihr Körper besteht zu 70 Prozent aus Wasser (das heißt, es bleiben maximal 30 Prozent für Testosteron übrig) – füllen Sie Ihren Tank regelmäßig auf! Dann verschwinden vielleicht die ersten kleinen Fältchen auch wieder oder tauchen gar nicht erst auf. Ein Tipp für die ganz Harten unter Ihnen: Wenn Ihnen die Evian-Nuckelflasche zu peinlich ist, können Sie Ihre Wasserflasche ja in eine braune Papiertüte wickeln – oder Sie füllen sich Ihr Schönheitselixier in den Flachmann.

Mit sich selbst im Reinen sein, strahlt nach außen

Ob Stresspickel, Augenringe oder einfach nur ein säuerlicher Gesichtsausdruck – dass sich innere Befindlichkeiten direkt auf Ihre Ausstrahlung auswirken können, haben Sie sicher schon bemerkt. Wenn man nicht gut drauf ist, sinkt auch die äußere Attraktivität. Wir vergessen oft, wie viele unserer inneren Zustände sich direkt am Körper ablesen lassen. Wer gerade nicht besonders viel Selbstbewusstsein hat, kauert eher mit einem krummen Rücken im Stuhl, als der Welt aufrecht zu begegnen. Wer jeden Abend aus Frust zwei Packungen Chips in sich hineinschaufelt, wird irgendwann ein dickes Polster zwischen sich und die Welt gelegt haben. Wie ein Hohn klingt da der Spruch „Wer schön sein will, muss leiden" – genau das Gegenteil ist der Fall!

Wenn Sie Ihre Wohnung oder Ihr Auto von der besten Seite präsentieren wollen, lassen Sie den Müll doch auch nicht überall herumliegen oder kehren ihn schnell unter den Teppich oder die Fußmatte. Sie räumen stattdessen gründlich auf – das Gleiche gilt für Ihren Körper! Echte Schönheit strahlt nur jemand aus, der mit sich selbst im Reinen ist. Dazu gehört eben auch ab und zu ein innerliches Großreinemachen. Wenn Sie es geschafft haben, mit sich selbst zufrieden zu sein – mit Ihrer Persönlichkeit, mit Ihrem Körper, mit Ihrem Leben – und nicht immer anderen Idealen hinterherhecheln, werden Sie diese Zufriedenheit auch nach außen abgeben. Und spätestens nachdem Sie mittlerweile auch Ihre Midlife-Crisis überwunden haben, sind Sie doch bei sich selbst angekommen. Transportieren Sie das nach außen, und Sie sind so attraktiv wie nie zuvor! Pflegen Sie Ihr Selbst so intensiv wie Ihre Frau ihr Äußeres und Sie sparen sich die Zeit vor dem Spiegel oder im Beautysalon.

Pflegen Sie Ihre Zähne gut

Sie können froh und dankbar sein, in der heutigen Zeit zu leben! In der Antike oder im Mittelalter wären Sie im Verhältnis jetzt schon im Greisenalter – die Lebenserwartung war damals niedriger als Ihr jetziges Alter. Davon abgesehen: Vermutlich hätten Sie dann bereits kaum noch Zähne! Es blieb den historischen Zahnärzten – die meistens wegen des ähnlichen Werkzeugs zugleich die Dorfschmiede waren (oder umgekehrt) – nämlich nichts anderes übrig, als kranke Zähne herauszureißen. Techniken wie Füllungen oder Wurzelbehandlungen waren damals schlicht nicht möglich. Immerhin hat man schon bei den alten Ägyptern künstliche Gebissteile und Brücken gefunden, die Mehrheit der Menschen über 50 wird damals aber schon unter die Kategorie „Mümmelgreis" gefallen sein. Wie gesagt: Seien Sie froh!
Und diese Erkenntnis sollte es Ihnen doch wert sein, sich vielleicht noch ein bisschen intensiver als bisher um Ihre Zähne zu kümmern. Denn auch in unseren modernen Zeiten gilt immer noch: Zähne sind nicht für die Ewigkeit gemacht! Der Tag, an dem Sie Ihre Zähne abends nicht mehr langwierig putzen müssen, sondern einfach ins Glas auf Ihrem Nachtkästchen fallen lassen können, mag hoffentlich noch in weiter Ferne liegen – er rückt aber auf jeden Fall näher. Gönnen Sie sich und Ihren Zähnen also noch so viel Aufschub wie möglich, indem Sie ihnen gute Pflege angedeihen lassen. Und sie regelmäßig Ihrem Zahnarzt (nicht dem Hufschmied) vorführen. Ein Mann

in Ihrem Alter wirkt ungleich attraktiver, wenn sein Lächeln eine Reihe weißer, gut gepflegter Zähne freilegt – das spricht für Gesundheit, gerade weil es bei leicht in die Jahre gekommenen Männern nicht mehr selbstverständlich ist!

Verwöhnen Sie Ihre Haut

Die Haut ist bekanntermaßen das größte Organ an Ihrem Körper – je nach Körpergröße umfasst sie eine Fläche von 1,5 bis 2 Quadratmeter! Kein Wunder, dass sie viel Pflege benötigt! Vergleichen Sie mal, wie viel Zeit Sie für die Hautpflege aufwenden und wie viel Zeit zum Putzen der vergleichsweise winzigen Zähne. Klar, der Vergleich hinkt – die Zähne pflegt man schon deshalb, weil die Angst vor Zahnarzt und Zahnschmerzen im Hinterkopf steckt. Hautschmerzen hat man eher selten. Und überhaupt: Hautpflege ist jetzt nicht unbedingt jedermanns Sache. Allzu schnell kommt man sich unmännlich vor, wenn man Cremes und andere Pflegeprodukte verwendet. Die Haut ist aber nun mal das repräsentativste äußere Kennzeichen an Ihrem Körper. Sozusagen die Haustür, vor der die Leute stehen, bevor sie klingeln, um Sie näher kennenzulernen. Und würden Sie an einer fremden Haustür klingeln, wenn dort die Farbe schon abgeblättert ist und das Holz splittert? Wohl eher nicht, hinter einer solchen Türe vermutet man keinen interessanten oder attraktiven Menschen. Also: Ihnen fällt kein Zacken aus der Krone, wenn Sie sorgsam und pfleglich mit Ihrer Haut umgehen. Mittlerweile bekennen sich sogar Fußballspieler, die ja eigentlich die ganz harten Kerle markieren müssen, zur regelmäßigen Hautpflege und werben für die Produkte: David Beckham genauso wie Jogi Löw und die deutsche Nationalmannschaft. Und leider wird Ihre Haut ebenso wenig jünger wie Sie – geben Sie ihr ausreichend Feuchtigkeit, dann können Sie die Runzeln und Falten (zumindest vorläufig) in Schach halten. Wussten Sie übrigens, dass sich die Haut des Menschen ca. einmal im Monat komplett erneuert? Das bedeutet, Sie haben bis heute bereits mindestens 600 Häutungen hinter sich, ohne dass Sie es gemerkt haben. Unterstützen Sie doch dieses umtriebige und fleißige Organ, indem Sie ihm ab und zu Ruhepausen und Verwöhnphasen gönnen!

Ernähren Sie sich gesund

Ach, ach, ach – so langsam ist es dann aber wirklich so weit. Bis jetzt konnten Sie es vielleicht erfolgreich verdrängen oder sich denken: „So alt bin ich ja auch noch nicht, dass ich mir darüber Gedanken machen muss". Irgendwann fällt es dann aber doch, das böse „Ch-Wort", bei der Blutuntersuchung beim Hausarzt oder in einem Vorsorgegespräch: Cholesterin! Und dann steht jeder Mann vor der größten Herausforderung seines Lebens – er muss seine Ernährung umstellen. Wie soll das denn überhaupt gehen, in der Kantine nicht jeden Tag das Fleischgericht zu bestellen – gibt's da überhaupt was anderes? Diese Nudelpampe, die Kollegin XY immer mit säuerlichem Gesicht in sich hineinstopft? Und, wie bitte, den Käsekuchen zum Nachtisch auch noch weglassen? Ja, das kann schon ganz schön hart werden. Vielleicht fällt es Ihnen aber leichter, wenn Sie sich vor Augen führen, dass eine gesunde Ernährung Sie auch äußerlich attraktiver macht!

Logisch, je mehr bierfreie Abende Sie pro Woche einlegen, desto kleiner wird die Wampe – das gleiche gilt natürlich, wenn Sie den Eisbein- und Saumagenkonsum einschränken. Aber auch über solche Binsenweisheiten hinaus lässt sich das Aussehen ein Stück weit mit der Ernährung steuern. Das ganze Fett, das Sie so über den Tag in sich hineinstopfen, schlägt sich ja nicht nur an der Plauze nieder, sondern auch an der Haut – und mit fettiger Haut brauchen Sie sich doch in Ihrem Alter nicht mehr herumzuschlagen! Umgekehrt stärkt eine vitaminreiche Ernährung den Teint.

Essen Sie also regelmäßig Obst und Gemüse, am besten zwei Portionen Obst und drei Portionen Gemüse pro Tag. Entscheiden Sie sich für Milchprodukte und Käsesorten mit niedrigem Fettgehalt und bevorzugen Sie auch bei Fleisch und Wurst magere Sorten. Mindestens einmal pro Woche sollte Fisch auf den Tisch kommen. Hören Sie auf zu essen, wenn Sie satt sind, auch wenn das „All you can eat"-Angebot noch so verlockend ist. Und stellen Sie Ihre Ernährung langfristig um – das ist sinnvoller, als durch eine „Crashdiät" auf die Schnelle ein paar Kilo abzunehmen.

Übrigens ist es auch experimentell bewiesen: Männer, die sich hauptsächlich von Grünzeug ernähren, sehen auch mit 50 noch wesentlich jünger aus als andere in ihrem Alter! Und ganz davon abgesehen: Wer wirkt wohl attraktiver, wenn man ihn im Gasthaus beim Essen beobachtet: Der dynamische Sakkoträger, der seine Gabel in knackigen Salat mit rosigen Lachsstreifen steckt, oder der Typ mit der Serviette um den Hals, der in die fetttriefende Schweinekeule beißt? Wenn Sie auf Ihre Ernährung achten, ist das also nicht nur gut für Ihre Gesundheit, Sie werden dadurch auch attraktiver denn je!

Verbrennen Sie Fett

Es hilft alles nichts: Trotz der vielen guten Vorsätze, den Ratschlägen des Arztes oder den Mahnungen der Ehefrau verfängt sich eben doch einmal eine Schweinshaxe in unserem Mund – wir konnten gar nichts dafür! Und die Biere gestern Abend – die anderen hatten sich eben eines nach dem anderen bestellt und Sie wollten nicht unhöflich sein …

Kein Problem! Natürlich muss man, um attraktiv zu wirken, nicht päpstlicher als der Papst leben – oder so wie in der kranken Modeszene, wo jede Kalorie gezählt wird, die man aus Versehen eingeatmet hat. Wenn Sie eben doch mal sündigen – und das sei Ihnen gegönnt! – können Sie das angefutterte Fett ja auch wieder loswerden, indem Sie es verbrennen. Im Klartext: Rein in die Turnschuhe und los geht's! Stellen Sie sich Ihren Körper dabei als ein Auto vor, das Treibstoff braucht, um zu funktionieren – je mehr Sie auf die Tube drücken, desto mehr Benzin braucht es. So ähnlich läuft es in Ihrem Körper. Der Treibstoff, der ihn auf Betriebstemperatur laufen lässt, sind die Kalorien, die wir zu uns nehmen. Geben Sie Gas, dann muss er auf den Reservetank zugreifen, auch genannt Wanst oder Bierbauch. Wenn Sie Ihren Motor häufig auf Touren bringen, werden über kurz oder lang auch Ihre ungeliebten Fettreserven verbrannt!

Übrigens gibt es auch Lebensmittel, die man als „Fatburner" bezeichnet – angeblich verfügen die über Stoffe, mit denen die körpereigene Fettverbrennung angeregt wird. Als Beispiele werden dafür exotische Früchte wie Ananas oder Papaya, aber auch Koffein und natürlich die entsprechenden Präparate aus dem Fitnessstudio genannt. Ob's stimmt, ist umstritten – dann doch lieber raus an die frische Luft und in Bewegung!

Kleiden Sie sich modisch

Auch wenn Sie mittlerweile zu Recht erkannt haben, dass Kleidung in erster Linie dazu dient, bequem zu sein und warm zu halten: Für den Cordhosen-Strickjacken-Filzpantoffel-Look sind Sie noch zu jung! Dafür bleibt Ihnen in so ca. zwanzig Jahren noch genug Zeit! Jetzt, wo Sie ja durchaus noch am öffentlichen Leben teilnehmen, sollten Sie schon noch den einen oder anderen Blick auf Ihre Garderobe werfen. Wenn Sie attraktiv wirken wollen, schadet es auch nicht, im modischen Bereich am Puls der Zeit zu bleiben!
Das bedeutet freilich nicht, dass Sie jedem Trend hinterherhecheln sollen. Trends sind meistens von Leuten, die jünger sind als Sie, für Leute, die jünger sind als Sie, erfunden worden. Wissen Sie, was für Typen man früher mit dem wenig schmeichelhaften Wort „Geck" bezeichnet hat? Genau solche, die auf übertriebene und affektierte Weise stets nach der neuesten Mode gekleidet sind. Das – bleiben wir bei den altertümlichen Ausdrücken – geziemt sich jetzt für Sie nicht mehr. Sie würden dadurch anbiedernd und unzufrieden mit Ihrem Alter wirken. Gefragt ist die goldene Mitte: Zeigen Sie durch Ihre Kleidung, dass Sie durchaus noch an aktuellen Trends interessiert sind (also noch nicht endgültig zum alten Eisen gehören), dass Sie aber gleichzeitig genau wissen, was zu Ihnen passt und Ihnen angemessen ist. Eben das, was eine zeitlose Eleganz ausmacht. Dann kommen Sie eben nicht in der zeltförmigen Trainingsjacke und der Goldkette um den Hals ins Büro, sondern in dem Wintermantel, dessen Aktualität eher in der Art liegt, wie seine Knöpfe angeordnet sind. Sie haben Ihren Stil gefunden und wissen, welche neuen Moden

Sie damit kombinieren können, deshalb können Sie so attraktiv wie nie wirken!

Tauschen Sie Ihre Frau gegen ein jüngeres Modell um

Mal ganz ehrlich: Man ist immer nur so attraktiv, wie die Gesellschaft, mit der man sich umgibt. Würde George Clooney in Begleitung einer Schar englischer Fußball-Hooligans im Restaurant auftauchen, würden wahrscheinlich wenige Damen schmachtend aufseufzen. Das Laute und Hässliche übertönt eben das Charmante und Elegante. A propos: Schauen Sie sich Ihre Frau mal genau an. Ist sie wirklich noch der funkelnde Diamant an Ihrer Seite, der durch seine Schönheit jedem Ihrer Auftritte – ob beim Nobelitaliener oder im Baumarkt – eine strahlende Aura verleiht? Oder ernten Sie nicht eher vom Kellner mitleidige Blicke? Fühlen Sie sich manchmal schon genötigt, Freunden oder Kollegen Ihr Hochzeitsfoto mit Ihrer damals noch jugendlich knackigen Frau zu zeigen, um zu beweisen, dass Sie nicht völlig blind oder verrückt sind? Eines ist doch klar: Wenn Sie ein Punker am Bahnhof mit „Ey Opa, haste mal 'nen Euro" anredet, liegt das nicht an Ihnen, sondern der alten Schachtel, die Sie im Schlepptau haben.
Also: Wenn Sie wieder rundum jugendlich und attraktiv wirken wollen, geben Sie die Alte über Ihren Anwalt in Zahlung (die Sie dann freilich auch übernehmen müssen) und tauschen Sie sie gegen ein jüngeres Modell! Mit Autos macht man es ja ähnlich. Wenn der alte Passat langsam stottert, nimmt man sich das neue, windschnittigere Modell. Es muss ja nicht gleich ein Porsche sein, das wird teuer! Mit einer jüngeren Frau an

Ihrer Seite wirken Sie in vieler Hinsicht attraktiver. Die jugendliche Schönheit färbt ab. Man nimmt Sie anders wahr, denn irgendwas muss das junge Ding ja an Ihnen finden. So versuchen alle gleich, nach Ihrer versteckten Schönheit zu suchen. Auch Ihre Männlichkeit wird niemand mehr in Frage stellen – Sie können es ja noch mit einer wesentlich Jüngeren aufnehmen. Überhaupt geraten Sie zwangsläufig in jüngere Kreise, die Sie interessant finden, und so weiter und so fort.
Halt! Natürlich kann es so laufen, wesentlich wahrscheinlicher ist aber, dass die Leute denken, Ihre jüngere Freundin wäre nur hinter dem Geld her – das schafft kein höheres Ansehen, sondern bestenfalls Mitleid mit dem „Lustgreis". Und außerdem: Es trägt gar nichts zu Ihrer Attraktivität bei, wenn die Leute denken, dass Sie schon eine so alte Tochter haben – und das werden sie denken, wenn Sie beide die Straße entlangflanieren. Lassen Sie's lieber bleiben!

Wenn nichts hilft: Schönheitschirurgie

So, dann war's also nichts. Die ganzen Tipps hauen bei Ihnen nicht hin. Statt grauer Haare haben Sie nur noch ein paar, die Sie jeden Morgen mühsam über die Glatze kämmen, vom Schweinebraten wollen Sie nicht lassen und können den Teller, von dem Sie ihn essen, mittlerweile schon auf Ihrem Bierwanst abstellen. Ihre Haut ähnelt trotz aller Pflegemaßnahmen mehr und mehr einer Mondlandschaft. Gut, auch so kann man glücklich und zufrieden sein Leben fristen. Möchten Sie aber dennoch attraktiv sein, kriegen den Hintern aber nicht hoch, um selbst etwas dafür zu tun, bleibt Ihnen auch noch die Möglichkeit einer Schönheitsoperation.

Es gibt ja prominente Beispiele: Elton John oder Wayne Rooney haben sich bekanntermaßen Haare transplantieren lassen – statt der Platte sprießt auf ihren Köpfen wieder eine üppige Matte. Heute ist bereits jeder sechste Patient beim Schönheitschirurgen ein Mann – man ist also in guter Gesellschaft. Hauptsächlich Faltenstraffung und Nasenkorrekturen sind dabei gefragt, aber eben auch die Sache mit den Haaren oder Fettabsaugen.

Aber Vorsicht! Gegen den handelsüblichen Bierbauch kommen Sie nicht an – da bei diesem die Fettschicht unter dem Muskelgewebe liegt (deswegen ist er auch so schön prall und fest und wabbelt nicht ungestüm umher), kann er nicht abgesaugt werden. Den Ranzen werden Sie also bloß durch Eigeninitiative los. Und, hm, ach, irgendwie gilt das doch für die ganze Schönheitschirurgie für Männer: So richtig passt das doch nicht zu unserem klassischen Bild eines echten Kerls. Der Spott, der etwa den Männern mit transplantierten Haaren entgegenschlägt, ist doch wesentlich größer als bei schönheitsgetunten Frauen. Vom Mann erwartet man, dass er zu seinen äußerlichen „Fehlern" steht – und gerade das ist doch Teil der Attraktivität. Nicht umsonst sagt man, dass die Attraktivität von Männern mit dem Alter steigt – wenn man das Gesicht aber immer wieder glattbügeln lässt und die Haare wie am ersten Tag sprießen, bleibt man vielleicht äußerlich ewig jung. Aber auch ewig gleich attraktiv?

Zehn goldene Tipps, um Ihr Leben zu entrümpeln

50 Jahre, da sammelt sich eine ganze Menge Zeug an. Zum Glück ziehen wir ab und zu um und können dann so richtig entrümpeln. Nur blöd, dass das Gerümpel wieder nachzuwachsen scheint. Deshalb sollten Sie ab und zu ausmisten – und der 50. Geburtstag ist der optimale Zeitpunkt, um damit zu beginnen.

Fangen Sie beim Ausmisten klein an

Herrje, was hat sich in Ihren 50 Lenzen nicht alles für Gerümpel angesammelt! Auch wenn Sie hin und wieder noch so gewissenhaft ausmisten oder häufig umgezogen sind, irgendwo findet sich immer noch Zeugs, das Sie seit Jahrzehnten mit sich herumschleppen, ohne genau zu wissen, warum eigentlich. Fangen Sie doch mal damit an, sich von all dem unnützen Ballast zu trennen, indem Sie Ihr Leben mal ordentlich entrümpeln.

Dabei müssen Sie sich nicht eine Woche oder länger Urlaub nehmen und sich so Ihre wohlverdiente Entspannung verderben. Fangen Sie klein an und gehen Sie Schritt für Schritt vor! Nehmen Sie sich zum Beispiel vor, einmal die Woche zwei Stunden aufs Entrümpeln zu verwenden. Zum Beispiel, während Ihre Frau „Desperate Housewives“ oder „Grey's Anatomy" anschaut. Die oberste Schreibtischschublade klemmt doch seit Längerem, weil Sie dermaßen vollgestopft ist. Leeren Sie die einfach komplett aus und überlegen sich dann, was Sie von dem ganzen Zeug noch brauchen. Wahrscheinlich finden Sie in solchen Schubladen Kugelschreiber, die nicht mehr funktionieren, Kontoauszüge von 1997 oder ein paar Briefmarken à 45 Pfennig – weg damit! Räumen Sie nur das zurück in die Schublade, das Sie wirklich noch brauchen – und nicht das Zeug, bei dem Sie sich eben gedacht haben: „Toll, das habe ich ja schon seit zwanzig Jahren nicht mehr in der Hand gehabt ..." Weg damit! Denn dann brauchen Sie es die nächsten zwanzig Jahre auch nicht. Auf diese Weise kämpfen Sie sich von Schublade zu Schublade, von Schrank zu Schrank, von Zimmer zu Zimmer. Irgendwann merken Sie gar nicht mehr, dass Sie ausmisten, schaffen es aber, weniger Ballast in Ihrem Leben anzuhäufen.

Warum mit 50?

Nun, zum einen wird es jetzt höchste Zeit, wenn Sie bisher noch nicht so gut darin waren, sich von Dingen zu trennen. Wenn Sie in kleinen Schritten vorgehen, wird die Last, dieser Menge an Gerümpel Herr zu werden, gleich geringer. Außerdem sollten Sie spätestens jetzt genug Lebenserfahrung haben, um zu wissen, was Dinge mit Bedeutung sind und was nur irgendein Zeug ist.

Verschenken Sie Sachen

Vielleicht haben Sie Glück: Ihr Entrümpelungsprojekt fällt mit dem Auszug des einen oder anderen Ihrer Kinder zusammen. Vielleicht geht Ihre Tochter zum Studium in eine andere Stadt oder Ihr Sohn verdient nach der Lehre genug, um sich eine eigene Bude leisten zu können. Fehlt Ihren Sprösslingen in dieser Phase des Lebens noch das nötige Kleingeld, um sich die neue Wohnung auch einzurichten – prima! Sie wollten doch sowieso gerade die alte Kommode auf dem Speicher loswerden. Beim Ausmisten in Ihrem Wäscheschrank haben Sie entdeckt, dass sich mehr Handtücher bei Ihnen angesammelt haben, als die Hotels vorrätig haben, aus denen sie mitgenommen wurden. Und nach diversen Erbschaften von älteren Verwandten haben Sie bereits zwanzig verschiedene Geschirrsortimente im Keller.

Klar werden die Kinder zuerst nicht begeistert sein, wenn Sie ihnen in einer Anwandlung von Großzügigkeit den alten Plunder als Geschenk mit auf den Weg geben. Sie müssen ihn ihnen halt gut verkaufen – dass die Stehlampe doch total retro und cool sei zum Beispiel. In Berlin/Hamburg/München hätten das jetzt alle, haben Sie im Fernsehen gesehen. Am allerbesten funktioniert der Trick, wenn Sie die Sachen dann mitnehmen, wenn Sie Ihre Kinder in der neuen Wohnung besuchen: Dann trauen sich die nicht, Ihnen das Zeug wieder mitzugeben, sondern müssen es bestenfalls selbst entsorgen.

Natürlich können Sie nicht nur Ihre Kinder mit solchen Geschenken „glücklich“ machen (und ganz im Ernst: über einige nützliche Dinge, die auch noch an zu Hause erinnern, werden sie sich tatsächlich freuen). Sie können ja Freunde, Verwandte oder Nachbarn einladen, wenn Sie einmal eine größere Ausmistaktion hinter sich haben – bestimmt findet der eine oder andere in Ihrem alten Kram etwas, das ihm gefällt.

Warum mit 50?

Der Trick mit den Kindern funktioniert natürlich erst in einem gewissen Alter. Darüber hinaus nimmt es Ihnen jetzt wahrscheinlich niemand mehr krumm, wenn Sie ihm etwas schenken, das sie selbst einmal von derselben Person geschenkt bekommen haben. Und auf die paar Cent, die Ihnen das Geraffel am Flohmarkt eingebracht hätte, können Sie mittlerweile auch gut verzichten, also verschenken Sie's!

Achten Sie beim Neukauf auf Qualität

Gehen Sie mal offenen Auges durch den Keller- oder Speicherraum, der dringend ausgemistet werden muss. Wie viele elektrische Geräte sind darunter, die entweder defekt sind oder doch nicht über längere Zeit Ihren Ansprüchen entsprochen haben? Beliebt in dieser Kategorie Dinge ist zum Beispiel diese kleinen CD-Spieler mit Kassettenteil und Radio, im Volksmund „Ghettoblaster" genannt. Irgendeine Funktion geht da meist ganz schnell kaputt (meistens der CD-Spieler). Weil das Radio aber noch so gut funktioniert, hebt man es eben auf, auch wenn kein Mensch in der Familie überhaupt noch Radio hört. Oder die elektrische Brotschneidemaschine, die das Brot nie so richtig zu Ihrer Zufriedenheit geschnitten hat. Als Sie sich eine neue gekauft haben, wollten Sie die aber dann doch nicht wegschmeißen – sie funktioniert im Prinzip ja noch …

Wie sich eine Ansammlung von solchem Halbschrott vermeiden lässt: Kaufen Sie ihn gar nicht erst! Wenn Sie schon beim Kauf eines Geräts auf dessen Qualität achten, geht das Ding auch nicht so schnell kaputt. Oder es funktioniert so, wie Sie es sich vorgestellt haben. Das Gleiche gilt übrigens auch für Klamotten: Hochwertige Hemden behalten Farbe und Form länger als die aus einem preiswerten Bekleidungshaus.

Warum mit 50?

Ganz einfach: Sie können es sich jetzt leisten! Qualität ist nun mal teurer als Wegwerfware. Davon abgesehen, schätzen Sie mittlerweile Dinge, die von Dauer sind. So interessant werden die Neuerungen an den CD-Spielern oder Brotschneidemaschinen in Zukunft nicht mehr sein. Also brauchen Sie dabei nicht up to date zu sein, sondern können das genießen und behalten, was auf Dauer angelegt ist.

Unterscheiden Sie zwischen Sammeln und Aufheben

Dinge zu sammeln kann ein schönes Hobby sein. Die ollen Briefmarken zum Beispiel: Jeden Tag kann man die Post durchgehen, die Marken vorsichtig ablösen und auf Börsen tauschen – da kann einen richtig das Jagdfieber packen. Oder bestimmte Bücher, CDs oder Uhren. Ist es nicht toll, wenn man alle Werke seines Lieblingsautors in der Erstausgabe hat? Aber mal ehrlich: Sammeln Sie eigentlich wirklich alte Krawatten mit grässlichem Muster? Oder wollten Sie die scheußlichen Teile bloß nicht wegschmeißen, und irgendwann hing dann

eine ganze Parade davon im Schrank? Am Ende bekommt man dann auch noch solche Stücke geschenkt, um die Sammlung zu ergänzen. Oder wie steht es mit Ihrem Hort von „Kicker"-Ausgaben, obwohl Sie ihn nur dann kaufen, wenn Ihre Lieblingsmannschaft mal gewonnen hat?
Man kann behaupten, Sie sammeln solche Dinge nicht, sondern heben sie nur auf. Sammeln heißt nämlich, dass man systematisch vorgeht, die gesammelten Sachen hegt und pflegt, immer wieder in die Hand nimmt und sich daran freut. Gilt das zum Beispiel für die Krawatten oder die Fußballhefte? Vielleicht blättern Sie mal darin, wenn Sie zufällig den Kellerraum ausmisten, in dem sie gelagert sind. Im Grunde ist das aber kein Sammeln, sondern bloßes Aufheben. Erkennen Sie den Unterschied? Gut, dann wäre der nächste Schritt, diese Pseudosammlungen aufzulösen und zu entsorgen. Die nehmen nämlich nur Platz weg und sind zu nichts nutze!

Warum mit 50?

Solches Zeug, das Sie nur aufheben und seit Jahren durch ihr Leben mitschleifen, hat keinen anderen Zweck, als immer mehr anzuwachsen und Platz wegzunehmen. Jetzt ist ein guter Zeitpunkt, damit Schluss zu machen, ehe Sie ein eigenes Zimmer für den Ramsch brauchen. In Ihrem Alter sollten Sie den Wert einer wahren Sammlung kennen – etwas für Experten, nicht für Messies!

Vereinfachen Sie Ihre Garderobe

Wenn Sie jetzt schon die scheußlichen Krawatten mit den Klaviertasten drauf losgeworden sind, bleiben Sie doch noch einen Moment vor dem Kleiderschrank stehen und lassen Sie Ihren Blick darin schweifen. Wie viele von den Klamotten, die da hängen, ziehen Sie eigentlich tatsächlich noch an? Klar gibt es besondere Teile, die Sie garantiert nie wieder anziehen werden, aber aus Kultgründen trotzdem aufheben. Da ist der Hochzeitsanzug nur die Spitze des Eisberges. Vielleicht gibt's auch noch die Wildlederhose, die Sie als Student im Secondhandshop gekauft haben. Oder das gefürchtete Hawaiihemd, mit dem Sie Ihre damalige Freundin fast zur Verzweiflung getrieben haben. So etwas können Sie gerne behalten, daran hängen Erinnerungen. Aber wie ist es mit dem Pulli, den Sie mal im Sonderangebot mitgenommen, aber dann doch nie getragen haben? Oder das Hemd in der Farbe, die mal Mode war, heute aber eigentlich unmöglich ist? Oder Ihre Lieblingshose, die Ihnen mittlerweile nun mal zu eng ist – Sie heben das Stück aber trotzdem auf, für den Fall, dass Sie doch noch ein paar Pfunde verlieren …

Muss das sein? Entrümpeln Sie doch auch mal Ihren Kleiderschrank, wenn Sie schon dabei sind! Schauen Sie die ganzen Klamotten mal durch – welche davon haben Sie in den letzten ein bis zwei Jahren getragen? Die dürfen Sie jedenfalls behalten. Für alle anderen können Sie getrost den Altkleidersack holen. Es sei denn, Sie finden ein Stück, das Sie schon ganz vergessen haben, jetzt aber wieder anziehen werden. Kaum zu glauben, welche Menge an Kleidungsstücken sich selbst bei einem Mann ansammeln – schaffen Sie Platz im Kleiderschrank!

Warum mit 50?

Sie haben mittlerweile Ihren Stil gefunden und können klar unterscheiden, welches Kleidungsstück Ihnen gefällt, und vor allem, welches Sie nie wieder anziehen werden. Außerdem hat doch Ihr Sohn mittlerweile auch Ihre Kleidergröße – manche von Ihren alten Sachen findet der vielleicht schon wieder cool – auf einen Versuch käme es an.

Entrümpeln Sie Ihren Keller

Je größer der Keller, desto größer die Wahrscheinlichkeit, dass sich dort eine Menge unnützes altes Geraffel findet. Die Versuchung ist natürlich groß: Alles, was man gerade nicht wegschmeißen will, kann dort noch gelagert werden und ist dann vorläufig mal aus den Augen. Wobei „vorläufig" noch großzügig formuliert ist – so manches kann dort auch für Jahrzehnte untertauchen und einstauben. Nicht umsonst spricht man davon, dass man „Leichen im Keller" hat. In diesem Fall sind das eben die zehn Paar Ski, die man im Laufe seines Lebens abgelegt hat. Oder uraltes Werkzeug, für das es in der heutigen Welt gar keine Verwendung mehr gibt. Und das alles bloß, weil man damals zu faul war, das Zeug gleich sachgemäß zu entsorgen. Manchmal kann ein Gang in den Keller auch eine Reise in die eigene Vergangenheit bedeuten – allerdings in eine Vergangenheit, die nur noch aus unbrauchbaren oder uninteressanten Gegenständen besteht. Das brauchen Sie doch nicht!

Wie oft haben Sie sich schon geärgert, wenn Sie dann doch mal die alte Bohrmaschine benötigen und dafür erst eine kaputte Tischtennisplatte, einen Korb mit alten Turnschuhen und den scheußlichen Plastikweihnachtsbaum, den Sie 1987 mal aus ökologischen Gründen angeschafft haben, zur Seite räumen müssen. Hier empfiehlt sich, einmal wirklich reinen Tisch zu machen. Mit großer Wahrscheinlichkeit brauchen Sie 80 bis 90 Prozent von dem Zeug nie wieder. Heben Sie nur die Dinge auf, die Ihnen tatsächlich etwas bedeuten und angenehme Erinnerungen an früher tragen. Dann lohnt sich ab und zu eine Reise in die Vergangenheit in den Keller – und Sie schaffen enorm viel Platz für die Gegenwart.

Warum mit 50?

Wenn Ihr Keller groß genug ist, besteht eine gewisse Wahrscheinlichkeit, dass Sie ihn bis heute nicht ausgemistet haben. Seit Sie im Haus wohnen, hat ja noch immer alles einen Platz dort gefunden. Irgendwann ist aber auch der größte Raum vollgestopft. Es wird höchste Zeit! Außerdem: Wenn Ihre Kinder demnächst ausziehen, werden Sie sich wundern, wie viel Kellerplatz die plötzlich beanspruchen – für das ganze Zeug, das sie aufheben, wollen, aber nicht mit in das kleine WG-Zimmer nehmen können. Da lohnt es sich, schon mal Platz für die nächste Generation zu schaffen.

Misten Sie Ihr Büro aus

Was für den Keller gilt, kann man auch auf den Arbeitsplatz übertragen: Aus den Augen, aus dem Sinn! Hat man eine Sache erledigt, ist es natürlich schön, wenn man sie ordentlich in einen Ordner heftet und ins Regal stellt. Dann weiß man wenigstens, wo die Informationen, die man nie wieder braucht, zu finden wären. Andere Akten, Zettel, Protokolle, Rechnungen oder ausgedruckte E-Mails gehen aber nicht diesen Weg der Ordnung. Unter uns: Jeder hat doch an seinem Arbeitsplatz einen Stoß Blätter in einer Schublade oder in einer selten verwendeten Ablage, der da irgendwie so vor sich hin vegetiert. Offenbar ist nichts davon so wichtig, dass sein Fehlen bemerkt worden wäre, andererseits aber auch nicht so belanglos, dass man es gleich durch den Aktenvernichter hätte laufen lassen.

Haben Sie den Mut, sich auch dieser Stapel mal anzunehmen. Die haben nämlich eine sehr, sehr schlechte Angewohnheit: Sie werden immer größer. Irgendwann geht es Ihnen dann so wie Herkules mit der vielköpfigen Hydra: Immer wenn der antike Haudrauf der Bestie einen Kopf abgeschlagen hatte, wuchs ein neuer nach. Wenn Sie das Stapelwachstum am Arbeitsplatz nicht rechtzeitig unterbinden, bilden sich beim Ausmisten immer wieder neue Stapel, mit den wichtigeren und weniger wichtigen Blättern aus dem Stapel und so weiter und so fort.

Und wenn Sie schon dabei sind: Nehmen Sie doch auch mal Ihre Büroartikel unter die Lupe. Wie viele Locher, Hefter, Bleistifte oder halbleere Klebestifte haben sich darunter eigentlich schon angesammelt? Auch fragt sich, ob ein Papier Anspruch auf ewiges Leben gewinnt, nur weil es in einen Ordner geheftet worden ist. Gehen Sie die alten Ordner mal durch. Wenn Sie darin Papiere finden, die noch mit Pauspapier abgepaust wurden oder in Sütterlinschrift geschrieben sind, werden Sie die nicht mehr brauchen. Ein Tipp: Wenn Sie einen neuen Ordner beginnen, entsorgen Sie dafür einen alten. Das schafft Platz im Regal und entlastet Sie vor unnützem Ballast.

Warum mit 50?

Sie haben schon viele Arten der Datenspeicherung und -weitergabe erlebt. Ganz sicher finden sich in Ihrem Büro auch noch völlig veraltete Datenträger: Matrizen und Kopien, die so ausgebleicht sind, dass man sie nicht mehr lesen kann, oder Disketten, vielleicht sogar noch die großen quadratischen. Schon deswegen lohnt es sich, das ganze Zeug mal durchzugehen. Davon abgesehen: Weit über die Hälfte Ihrer Lebensarbeitszeit ist jetzt vorbei. Da ist es doch mal Zeit für eine Zwischenbilanz und die Entsorgung einiger Altlasten.

Verzichten Sie eine Woche auf eine geliebte Sache

Es gibt viele kleine Fluchten in unserem Leben, die uns kurz aus der Enge des Alltags ausbrechen lassen. Egal ob es die Zigarre nach Büroschluss ist oder der Schokoriegel, den wir schnell in uns hineinstopfen, wenn wir Ärger mit dem Chef oder der Ehefrau hatten. Oder die Seite im Internet, auf der Villen in der Toskana verkauft werden, wo wir regelmäßig beim Surfen schon einmal in Erwartung des Lottogewinns von der goldenen Zukunft träumen. Solche Fluchten sind notwendig, um Stress abzubauen und sich selbst mit Glücksgefühlen zu belohnen. Andererseits kann so eine Flucht auch schnell zur Sucht werden: Irgendwann geht es nicht mehr ohne fünf bis sechs Schokoriegel am Tag. Wenn das Telefon klingelt, greifen Sie schon automatisch nach der Zigarettenschachtel oder Sie versumpfen halbe Nächte im Internet.

Um Ihre Freizeit und Ihre Gewohnheiten zu entrümpeln, könnte es daher nicht schaden, sich Folgendes vorzunehmen:

Ein Woche lang versuchen Sie, auf eine Sache, eine dieser kleinen Vergnügungen vollständig zu verzichten. Gelingt Ihnen das problemlos – super! Es stellt sich dann aber die Frage, ob Sie den Schokoriegel zum Frustabbau überhaupt nötig haben. Geraten Sie allerdings in Schwierigkeiten, dies eine Woche durchzuhalten, sollten Sie sich Gedanken machen, ob Sie nicht schon ein richtiges Suchtverhalten an den Tag legen. Das muss nicht sein, sonst werden Sie irgendwann zum Sklaven Ihrer kleinen Gewohnheiten. Ist eine solche Sucht erst einmal erkannt, können Sie auch Wege einleiten, diese zu überwinden.

Warum mit 50?

Ganz ehrlich: Die meisten solcher kleinen Fluchten haben etwas Ungesundes oder Verschrobenes an sich. Sowohl auf Ihre Gesundheit als auch auf Ihre hoffentlich noch nicht zu sehr ausgeprägte Kauzigkeit sollten Sie in Ihrem Alter aber allmählich achten!

Stopfen Sie Schubladen nicht bis zur Oberkante voll

Jeder hat mindestens eine solche Schublade zu Hause: Vielleicht ist es die Sockenschublade, in der sich unten ein Bodensatz an einzelnen oder löchrigen Socken gebildet hat. Irgendwie war man immer zu faul, die gleich wegzuschmeißen, hat aber trotzdem weiterhin Neue gekauft. Und irgendwann war die Schublade dann so voll, dass man schon mit aller Gewalt daran ziehen muss, um sie aufzukriegen. Dabei reißt man Löcher in die obenauf liegenden Socken. Einzelne fallen hinter die Schublade irgendwo ins Nirwana des Kommodeninneren. Und die Frau weigert sich längst, die Socken einzusortieren und pfeffert sie einfach daneben auf den Boden. Ähnliche Schubladen-Biotope gibt es auch an Schreibtischen, wo irgendwelche Papiere so lange hineingestopft werden, bis die Schublade klemmt. Beim gewaltsamen Aufmachen bricht dann entweder der Knauf ab oder den Papieren geht es ähnlich wie den eben beschriebenen Socken …

Klar ist es bequem, alles immer schnell verschwinden zu lassen, indem man es in die nächstbeste Schublade stopft. Auf lange Sicht gesehen ist es aber einfach nur nervig und unrentabel. Machen Sie es sich mit solchen Schubladen doch leicht: Für alles Neue, das Sie dort hineinlegen, nehmen Sie ein altes Teil heraus und schmeißen es weg. Die löchrigen Socken zum Beispiel, die man ja, wenn mal Not am Mann ist (das heißt, wenn die Partnerin mal zur Kur fährt und man sich selbst um die Wäsche kümmern muss), immer noch mal anziehen kann. Oder die Einladung zum 50. Geburtstag Ihres Vaters, die immer noch ganz unten in der Schreibtischschublade liegt …

Warum mit 50?

Auf eigener Erfahrung lässt sich berichten, dass man sich beim Herauszerren einer klemmenden Schublade schnell mal einen Hexenschuss zuziehen kann – man wird nicht jünger, kann dieses Problem aber leicht vermeiden. Ehe Sie sich einen Bruch holen, halten Sie lieber Ihre Schubladen in Ordnung!

Räumen Sie die (Ex-)Kinderzimmer auf

Der Moment, auf den Sie seit zwanzig Jahren hingefiebert haben, ist endlich gekommen: Ihr Ältester wird flügge und zieht aus dem Elternhaus (also Ihrem Haus) aus. Während bei Ihrer Frau vielleicht Heulen und Zähneklappern vorherrschen, was der arme Bub denn jetzt so alleine in der großen Stadt anfangen soll ohne Mamas leckeren Schweinebraten, sehen Sie vielleicht eher das Positive: Zwar räumt ein zuverlässiger Rasenmähgehilfe das Feld, dafür sind Sie auch wieder uneingeschränkt der Herr im Haus. Je größer der Bursche wurde, desto mehr war auch Ihre Autorität und Kraft infrage gestellt! Und besser noch: Sein Zimmer, das natürlich erst mal entkernt und runderneuert werden muss, können Sie jetzt für andere Zwecke nutzen! Zwar wird Ihre Frau protestieren und am liebsten für immer das Kinderbett und die Poster an der Wand an ihren Stellen bewahren wollen, doch das wäre doch schade um den nicht genutzten Raum. Außerdem wird Ihr Sohn, wenn er mal wieder zu Besuch kommt, eher als erwachsener Gast im Gästezimmer logieren wollen, als unter dem Starschnitt von Lukas Podolski oder dem Bushido-Poster.

Der beste Weg zu akzeptieren, dass das eigene Kind erwachsen geworden ist, besteht darin, das Kinderzimmer zu entrümpeln. Und was stehen Ihnen da für Möglichkeiten offen! Endlich können Sie sich den Jugendtraum vom Billardzimmer im eigenen Haus erfüllen! Oder Sie holen Ihr altes Schlagzeug/Saxofon/Cello aus dem Keller und richten sich ein Musikzimmer ein. Sie verbannen die Flimmerkiste aus dem Wohnzimmer, wo sie zu Ihrem Ärger immer den ganzen Tag läuft, und gestalten ein eigenes Fernsehzimmer – bei allen Familienmitgliedern wird der Fernsehkonsum deutlich sinken. Vielleicht träumt Ihre Frau ja schon länger von einem kleinen Atelier, wunderbar, dann liegen ihre Ölfarbtuben in Zukunft nicht mehr so gefährlich nahe neben der Obstschale. Ihrer Fantasie sind keine Grenzen gesetzt – genießen Sie den Luxus eines zusätzlichen (und eigentlich unnötigen) Zimmers!

Warum mit 50?

Im Normalfall sind Sie jetzt in dem Alter, in dem Ihre Kinder langsam ausziehen. Ein Zimmer, das Sie nun neu gestalten, wird Ihnen noch lange Freude machen – es ist auch nicht zu spät, noch ein Hobby zu beginnen, das Sie in dem frei gewordenen Raum ausüben können!

Na also, so schlimm ist es doch gar nicht!

Nun haben Sie es geschafft: Sie haben dieses Buch fertig gelesen. Und wahrscheinlich ist Ihnen dabei eines aufgefallen: So schlimm ist es eigentlich gar nicht, 50 zu werden. Sie sind nämlich immer noch ein ziemlich cooler Typ und zudem echt attraktiv. Außerdem haben Sie nun jede Menge Tipps bekommen, was Sie im neuen Lebensjahrzehnt tun sollten. Sie haben also gar keine Zeit, herumzusitzen und Trübsal zu blasen, denn schließlich warten da draußen scharfe Chilischoten, Waldspaziergänge und Entrümpelungsaktionen auf Sie. Nun kann es erst richtig losgehen: Lesen Sie noch oder leben Sie schon?

Lena Blaudez

Das Ehe-Quiz

176 Seiten, Broschur
ISBN 978-3-86910-492-8
€ 12,95

- Das perfekte Geschenk zu Hochzeit und Hochzeitstagen!
- Amüsant, unterhaltsam und überraschend
- Mit Eheführerschein zum Heraustrennen
- Inklusive Wörterbuch: Ehe – Deutsche / Deutsch – Ehe!

Das perfekte Buch für Heiratswillige und Frischverheiratete! Als amüsantes Quiz zum Thema Ehe vermittelt dieses Buch alles, was man über Hochzeiten, Ehepartner, Hochzeitstage und Scheidungen wissen sollte. Dazu gibt es ein Ehelexikon von A wie „Anmache" bis Z wie „Zyankali". Inklusive Wörterbuch: Ehe – Deutsche/Deutsch – Ehe!

humboldt

... bringt es auf den Punkt.

Arnd Zeigler

Taktik ist keine Pfefferminzsorte!

Neueste Sprüche und Weisheiten der Fußballstars

264 Seiten, Broschur
ISBN 978-3-86910-188-0
€ 12,95

Der Fußball-Satiriker schickt Sie in die Verlängerung: Weisheiten und Geistesblitze, Ausfälle und Sinnsprüche, sprachliche Abgründe und tiefsinnige Zitate. Da bleibt kein Auge trocken!

„Perfekte Vorbereitung für den nächsten Spieltag.“ *Sportsfreund*

Arnd Zeigler

Keiner verliert ungern

Neue Sprüche und Weisheiten der Fußballstars

256 Seiten, Broschur
ISBN 978-3-86910-160-6
€ 9,95

„Autor und Journalist Arnd Zeigler hat in seinem neuen Buch mehr als 1000 lustige und manchmal auch tiefsinnige Zitate aus der Welt des runden Leders zusammen getragen.“ *Bild.de*

„Eine herrliche Collage verbaler Kapriolen.“ *11 Freunde*

www.humboldt.de
Änderungen vorbehalten.